Neuerungen

zum

Bürgerlichen Gesetzbuch

Zur 4. Auflage der Textausgabe

Stand von Anfang 1939

1 9 3 9

J. Schweitzer Verlag, Berlin und München

Neuerungen
zum
Bürgerlichen Gesetzbuch

Zur 4. Auflage der Textausgabe
(J. Schweitzer Verlag)

Stand von Anfang 1939

Inhalt: Seite

Viertes Buch. Familienrecht

(Zweiter Titel
Eingehung der Ehe)

An die Stelle der §§ 1303—1352, 1564—1587, 1608 Abs. 2, 1635—1637, 1699—1704, 1771 Abs. 2 Satz 2 BGB. tritt folgendes

Gesetz
zur Vereinheitlichung des Rechts der Eheschließung und der Ehescheidung im Lande Österreich und im übrigen Reichsgebiet

Vom 6. Juli 1938 (RGBl. I S. 807)

Die Reichsregierung hat vorbehaltlich einer abschließenden Neuordnung des gesamten Eherechts zur Vereinheitlichung des Rechts der Eheschließung und der Ehescheidung im Lande Österreich und im übrigen Reichsgebiet das folgende Gesetz beschlossen, das hiermit verkündet wird:

Erster Abschnitt
Recht der Eheschließung
A. Ehefähigkeit
§ 1
Ehemündigkeit

(1) Ein Mann soll nicht vor Vollendung des einundzwanzigsten Lebensjahres, eine Frau soll nicht vor Vollendung des sechzehnten Lebensjahres eine Ehe eingehen.

(2) Dem Mann und der Frau kann Befreiung von dieser Vorschrift bewilligt werden, dem Mann jedoch nur dann, wenn er das achtzehnte Lebensjahr vollendet hat und nicht mehr unter elterlicher Gewalt oder unter Vormundschaft steht.

§ 2

Geschäftsunfähigkeit

Wer geschäftsunfähig ist, kann eine Ehe nicht eingehen.

§ 3

Einwilligung des gesetzlichen Vertreters und der Sorgeberechtigten

(1) Wer minderjährig oder aus anderen Gründen in der Geschäftsfähigkeit beschränkt ist, bedarf zur Eingehung einer Ehe der Einwilligung seines gesetzlichen Vertreters.

(2) Steht dem gesetzlichen Vertreter eines Minderjährigen nicht gleichzeitig die Sorge für die Person des Minderjährigen zu oder ist neben ihm noch ein anderer sorgeberechtigt, so ist auch die Einwilligung des Sorgeberechtigten erforderlich.

(3) Verweigert der gesetzliche Vertreter oder der Sorgeberechtigte die Einwilligung ohne triftige Gründe, so kann der Vormundschaftsrichter sie auf Antrag des Verlobten, der der Einwilligung bedarf, ersetzen.

B. Eheverbote

§ 4

Blutsverschiedenheit

Das Verbot von Eheschließungen zwischen Staatsangehörigen deutschen oder artverwandten Blutes und Personen artfremden Blutes und die Wirkungen dieses Verbots bestimmen sich ausschließlich nach dem Gesetz zum Schutze des deutschen Blutes und der deutschen Ehre vom 15. September 1935 (Reichsgesetzbl. I S. 1146)*) und den zu diesem Gesetz ergangenen Durchführungsverordnungen. (Fortsetzung des Textes S. 9).

---

*) Gesetz zum Schutze des deutschen Blutes und der deutschen Ehre

Vom 15. September 1935 (RGBl. I S. 1146).

Durchdrungen von der Erkenntnis, daß die Reinheit des deutschen Blutes die Voraussetzung für den Fortbestand des

Deutschen Volkes ist, und beseelt von dem unbeugsamen Willen, die Deutsche Nation für alle Zukunft zu sichern, hat der Reichstag einstimmig das folgende Gesetz beschlossen, das hiermit verkündet wird:

§ 1

(1) Eheschließungen zwischen Juden und Staatsangehörigen deutschen oder artverwandten Blutes sind verboten. Trotzdem geschlossene Ehen sind nichtig, auch wenn sie zur Umgehung dieses Gesetzes im Ausland geschlossen sind.

(2) Die Nichtigkeitsklage kann nur der Staatsanwalt erheben.

§ 2

Außerehelicher Verkehr zwischen Juden und Staatsangehörigen deutschen oder artverwandten Blutes ist verboten.

§ 3

Juden dürfen weibliche Staatsangehörige deutschen oder artverwandten Blutes unter 45 Jahren in ihrem Haushalt nicht beschäftigen.

§ 4

(1) Juden ist das Hissen der Reichs- und Nationalflagge und das Zeigen der Reichsfarben verboten.

(2) Dagegen ist ihnen das Zeigen der jüdischen Farben gestattet. Die Ausübung dieser Befugnis steht unter staatlichem Schutz.

§ 5

(1) Wer dem Verbot des § 1 zuwiderhandelt, wird mit Zuchthaus bestraft.

(2) Der Mann, der dem Verbot des § 2 zuwiderhandelt, wird mit Gefängnis oder mit Zuchthaus bestraft.

(3) Wer den Bestimmungen der §§ 3 oder 4 zuwiderhandelt, wird mit Gefängnis bis zu einem Jahr und mit Geldstrafe oder mit einer dieser Strafen bestraft.

§ 6

Der Reichsminister des Innern erläßt im Einvernehmen mit dem Stellvertreter des Führers und dem Reichsminister der Justiz die zur Durchführung und Ergänzung des Gesetzes erforderlichen Rechts- und Verwaltungsvorschriften.

§ 7

Das Gesetz tritt am Tage nach der Verkündung, § 3 jedoch erst am 1. Januar 1936 in Kraft.

Nürnberg, den 15. September 1935,
am Reichsparteitag der Freiheit

Der Führer und Reichskanzler
Adolf Hitler
Der Reichsminister des Innern
Frick
Der Reichsminister der Justiz
Dr. Gürtner
Der Stellvertreter des Führers
R. Heß,
Reichsminister ohne Geschäftsbereich

Erste Verordnung zur Ausführung des Gesetzes zum Schutze des deutschen Blutes und der deutschen Ehre

Vom 14. November 1935 (RGBl. I S. 1334)

Auf Grund des § 6 des Gesetzes zum Schutze des deutschen Blutes und der deutschen Ehre vom 15. September 1935 (Reichsgesetzbl. I S. 1146) wird folgendes verordnet:

§ 1

(1) Staatsangehörige sind die deutschen Staatsangehörigen im Sinne des Reichsbürgergesetzes.

(2) Wer jüdischer Mischling ist, bestimmt § 2 Abs. 2 der Ersten Verordnung vom 14. November 1935 zum Reichsbürgergesetz (Reichsgesetzbl. I S. 1333).

(3) Wer Jude ist, bestimmt § 5 der gleichen Verordnung.

§ 2

Zu den nach § 1 des Gesetzes verbotenen Eheschließungen gehören auch die Eheschließungen zwischen Juden und staatsangehörigen jüdischen Mischlingen, die nur einen volljüdischen Großelternteil haben.

§ 3

(1) Staatsangehörige jüdische Mischlinge mit zwei volljüdischen Großeltern bedürfen zur Eheschließung mit Staatsangehörigen deutschen oder artverwandten Blutes oder mit staatsangehörigen jüdischen Mischlingen, die nur einen volljüdischen

Großelternteil haben, der Genehmigung des Reichsministers des Innern und des Stellvertreters des Führers oder der von ihnen bestimmten Stelle.

(2) Bei der Entscheidung sind insbesondere zu berücksichtigen die körperlichen, seelischen und charakterlichen Eigenschaften des Antragstellers, die Dauer der Ansässigkeit seiner Familie in Deutschland, seine oder seines Vaters Teilnahme am Weltkrieg und seine sonstige Familiengeschichte.

(3) Der Antrag auf Genehmigung ist bei der höheren Verwaltungsbehörde zu stellen, in deren Bezirk der Antragsteller seinen Wohnsitz oder gewöhnlichen Aufenthalt hat.

(4) Das Verfahren regelt der Reichsminister des Innern im Einvernehmen mit dem Stellvertreter des Führers.

§ 4

Eine Ehe soll nicht geschlossen werden zwischen staatsangehörigen jüdischen Mischlingen, die nur einen volljüdischen Großelternteil haben.

§ 5

Die Ehehindernisse wegen jüdischen Bluteinschlages sind durch § 1 des Gesetzes und durch §§ 2 bis 4 dieser Verordnung erschöpfend geregelt.

§ 6

Eine Ehe soll ferner nicht geschlossen werden, wenn aus ihr eine die Reinerhaltung des deutschen Blutes gefährdende Nachkommenschaft zu erwarten ist.

§ 7

Vor der Eheschließung hat jeder Verlobte durch das Ehetauglichkeitszeugnis (§ 2 des Ehegesundheitsgesetzes vom 18. Oktober 1935 — Reichsgesetzbl. I S. 1246 —) nachzuweisen, daß kein Ehehindernis im Sinne des § 6 dieser Verordnung vorliegt. Wird das Ehetauglichkeitszeugnis versagt, so ist nur die Dienstaufsichtsbeschwerde zulässig.

§ 8

(1) Die Nichtigkeit einer entgegen dem § 1 des Gesetzes oder dem § 2 dieser Verordnung geschlossenen Ehe kann nur im Wege der Nichtigkeitsklage geltend gemacht werden.

(2) Für Ehen, die entgegen den §§ 3, 4 und 6 geschlossen worden sind, treten die Folgen des § 1 und des § 5 Abs. 1 des Gesetzes nicht ein.

§ 9

Besitzt einer der Verlobten eine fremde Staatsangehörigkeit, so ist vor einer Versagung des Aufgebotes wegen eines der im § 1 des Gesetzes oder in den §§ 2 bis 4 dieser Verordnung genannten Ehehindernisse sowie vor einer Versagung des Ehetauglichkeitszeugnisses in Fällen des § 5 die Entscheidung des Reichsministers des Innern einzuholen.

§ 10

Eine Ehe, die vor einer deutschen Konsularbehörde geschlossen ist, gilt als im Inlande geschlossen.

§ 11

Außerehelicher Verkehr im Sinne des § 2 des Gesetzes ist nur der Geschlechtsverkehr. Strafbar nach § 5 Abs. 2 des Gesetzes ist auch der außereheliche Verkehr zwischen Juden und staatsangehörigen jüdischen Mischlingen, die nur einen volljüdischen Großelternteil haben.

§ 12

(1) Ein Haushalt ist jüdisch (§ 3 des Gesetzes), wenn ein jüdischer Mann Haushaltungsvorstand ist oder der Hausgemeinschaft angehört.

(2) Im Haushalt beschäftigt ist, wer im Rahmen eines Arbeitsverhältnisses in die Hausgemeinschaft aufgenommen ist, oder wer mit alltäglichen Haushaltsarbeiten oder anderen alltäglichen, mit dem Haushalt in Verbindung stehenden Arbeiten beschäftigt ist.

(3) Weibliche Staatsangehörige deutschen oder artverwandten Blutes, die beim Erlaß des Gesetzes in einem jüdischen Haushalt beschäftigt waren, können in diesem Haushalt in ihrem bisherigen Arbeitsverhältnis bleiben, wenn sie bis zum 31. Dezember 1935 das 35. Lebensjahr vollendet haben.

(4) Fremde Staatsangehörige, die weder ihren Wohnsitz noch ihren dauernden Aufenthalt im Inlande haben, fallen nicht unter diese Vorschrift.

§ 13

Wer dem Verbot des § 3 des Gesetzes in Verbindung mit § 12 dieser Verordnung zuwiderhandelt, ist nach § 5 Abs. 3 des Gesetzes strafbar, auch wenn er nicht Jude ist.

§ 14

Für Verbrechen gegen § 5 Abs. 1 und 2 des Gesetzes ist im ersten Rechtszuge die große Strafkammer zuständig.

§ 15

Soweit die Vorschriften des Gesetzes und seiner Ausführungsverordnungen sich auf deutsche Staatsangehörige beziehen, sind sie auch auf Staatenlose anzuwenden, die ihren Wohnsitz oder gewöhnlichen Aufenthalt im Inlande haben. Staatenlose, die ihren Wohnsitz oder gewöhnlichen Aufenthalt im Auslande haben, fallen nur dann unter diese Vorschriften, wenn sie früher die deutsche Staatsangehörigkeit besessen haben.

§ 16

(1) Der Führer und Reichskanzler kann Befreiungen von den Vorschriften des Gesetzes und der Ausführungsverordnungen erteilen.

(2) Die Strafverfolgung eines fremden Staatsangehörigen bedarf der Zustimmung der Reichsminister der Justiz und des Innern.

§ 17

Die Verordnung tritt an dem auf die Verkündung folgenden Tage in Kraft. Den Zeitpunkt des Inkrafttretens des § 7 bestimmt der Reichsminister des Innern; bis zu diesem Zeitpunkt ist ein Ehetauglichkeitszeugnis nur in Zweifelsfällen vorzulegen.

Berlin, den 14. November 1935

Der Führer und Reichskanzler
Adolf Hitler

Der Reichsminister des Innern
Frick

Der Stellvertreter des Führers
R. Heß,
Reichsminister ohne Geschäftsbereich

Der Reichsminister der Justiz
Dr. Gürtner

§ 5

Mangel der Ehetauglichkeit

Das Verbot von Eheschließungen, die aus Gründen der Volksgesundheit unerwünscht sind, und die Wirkungen dieses Verbots bestimmen sich ausschließlich nach dem Gesetz zum Schutz der Erbgesundheit des deutschen Volkes (Ehegesundheitsgesetz) vom 18. Oktober 1935 (Reichsgesetzbl. I S. 1246)*) und den zu diesem Gesetz ergangenen Durchführungsverordnungen.

§ 6

Verwandtschaft

Eine Ehe darf nicht geschlossen werden zwischen Blutsverwandten gerader Linie und zwischen voll- oder halbbürtigen Geschwistern, gleichgültig ob die Blutsverwandtschaft auf ehelicher oder unehelicher Geburt beruht.

§ 7

Schwägerschaft

(1) **Eine Ehe darf nicht geschlossen werden zwischen Verschwägerten gerader Linie, auch wenn die Ehe, durch welche die Schwägerschaft vermittelt wird, für nichtig erklärt oder aufgelöst worden ist.** (Fortsetzung des Textes S. 17).

---

*) **Gesetz zum Schutze der Erbgesundheit des deutschen Volkes (Ehegesundheitsgesetz)**

Vom 18. Oktober 1935 (RGBl. I S. 1246)

Die Reichsregierung hat das folgende Gesetz beschlossen, das hiermit verkündet wird:

§ 1

(1) Eine Ehe darf nicht geschlossen werden,

a) wenn einer der Verlobten an einer mit Ansteckungsgefahr verbundenen Krankheit leidet, die eine erhebliche Schädigung der Gesundheit des anderen Teiles oder der Nachkommen befürchten läßt,

b) wenn einer der Verlobten entmündigt ist oder unter vorläufiger Vormundschaft steht,

c) wenn einer der Verlobten, ohne entmündigt zu sein, an einer geistigen Störung leidet, die die Ehe für die Volksgemeinschaft unerwünscht erscheinen läßt,

d) wenn einer der Verlobten an einer Erbkrankheit im Sinne des Gesetzes zur Verhütung erbkranken Nachwuchses leidet.

(2) Die Bestimmung des Absatzes 1 Buchstabe d steht der Eheschließung nicht entgegen, wenn der andere Verlobte unfruchtbar ist.

§ 2

Vor der Eheschließung haben die Verlobten durch ein Zeugnis des Gesundheitsamtes (Ehetauglichkeitszeugnis) nachzuweisen, daß ein Ehehindernis nach § 1 nicht vorliegt.

§ 3

(1) Eine entgegen den Verboten des § 1 geschlossene Ehe ist nichtig, wenn die Ausstellung des Ehetauglichkeitszeugnisses oder die Mitwirkung des Standesbeamten bei der Eheschließung von den Verlobten durch wissentlich falsche Angaben herbeigeführt worden ist. Sie ist auch nichtig, wenn sie zum Zwecke der Umgehung des Gesetzes im Ausland geschlossen ist. Die Nichtigkeitsklage kann nur vom Staatsanwalt erhoben werden.

(2) Die Ehe ist von Anfang an gültig, wenn das Ehehindernis später wegfällt.

§ 4

(1) Wer eine verbotene Eheschließung erschleicht (§ 3), wird mit Gefängnis nicht unter drei Monaten bestraft. Der Versuch ist strafbar.

(2) Die Verfolgung wegen des vollendeten Vergehens tritt nur ein, wenn die Ehe für nichtig erklärt ist.

§ 5

(1) Die Vorschriften dieses Gesetzes finden keine Anwendung, wenn beide Verlobten oder der männliche Verlobte eine fremde Staatsangehörigkeit besitzen.

(2) Die Strafverfolgung eines Ausländers nach § 4 tritt nur auf Anordnung ein, die der Reichsminister der Justiz im Einvernehmen mit dem Reichsminister des Innern trifft.

§ 6

Der Reichsminister des Innern oder die von ihm ermächtigte Stelle kann Befreiungen von den Vorschriften dieses Gesetzes bewilligen.

§ 7

Der Reichsminister des Innern erläßt im Einvernehmen mit dem Stellvertreter des Führers und dem Reichsminister der

Justiz die zur Durchführung und Ergänzung dieses Gesetzes erforderlichen Rechts- und Verwaltungsvorschriften.

§ 8

(1) Das Gesetz tritt am Tage nach der Verkündung in Kraft.

(2) Den Zeitpunkt des Inkrafttretens des § 2 bestimmt der Reichsminister des Innern. Bis zu diesem Zeitpunkt ist ein Ehetauglichkeitszeugnis nur in Zweifelsfällen vorzulegen.

Berlin, den 18. Oktober 1935

Der Führer und Reichskanzler
Adolf Hitler
Der Reichsminister des Innern
Frick
Der Stellvertreter des Führers
R. Heß
Reichsminister ohne Geschäftsbereich
Der Reichsminister der Justiz
Dr. Gürtner

Erste Verordnung zur Durchführung des Ehegesundheitsgesetzes

Vom 29. November 1935 (RGBl. I S. 1419)

(Ohne die Anlagen)

Auf Grund der §§ 6 und 7 des Gesetzes zum Schutze der Erbgesundheit des deutschen Volkes (Ehegesundheitsgesetz) vom 18. Oktober 1935 (Reichsgesetzbl. I S. 1246) wird folgendes verordnet:

§ 1

Die Ausstellung des Ehetauglichkeitszeugnisses (Anlage 1) ist ein Teil der Eheberatung und erfolgt durch das zuständige Gesundheitsamt (Beratungsstelle für Erb- und Rassenpflege).

§ 2

(1) Zwecks Erlangung des Ehetauglichkeitszeugnisses hat sich jeder Verlobte bei dem Gesundheitsamt untersuchen zu lassen, in dessen Bezirk er seinen Wohnsitz oder gewöhnlichen Aufenthalt hat. Hat ein Verlobter seinen Wohnsitz im Ausland oder hält er sich längere Zeit im Ausland auf, so kann er sich bei jedem deutschen Gesundheitsamt untersuchen lassen. Das Gesundheitsamt hat Ermittlungen über die Erbgesundheit der Verlobten anzustellen.

(2) Der Verlobte kann sich auch von einem vom Reichsärzteführer hierfür zugelassenen Arzt der freien Praxis untersuchen lassen. Das Ergebnis der Untersuchung ist in einem Untersuchungsbogen (Anlage 2) niederzulegen und dem zuständigen Gesundheitsamt unmittelbar nach der Untersuchung zu übersenden. Das Gesundheitsamt hat das Untersuchungsergebnis seiner Beurteilung zugrunde zu legen.

(3) Hat einer der Verlobten seinen Wohnsitz oder gewöhnlichen Aufenthalt im Ausland, so kann die Untersuchung auch durch einen ausländischen Arzt erfolgen, dessen Zuverlässigkeit durch den zuständigen deutschen Berufskonsul oder diplomatischen Vertreter nach Anhörung des zuständigen politischen Leiters der NSDAP bestätigt wird.

§ 3

Bis zum Inkrafttreten des § 2 des Gesetzes ist ein Ehetauglichkeitszeugnis nur beizubringen, wenn der Standesbeamte begründete Zweifel hat, ob ein Ehehindernis im Sinne des § 1 des Ehegesundheitsgesetzes oder des § 6 der Ersten Verordnung vom 14. November 1935 zur Ausführung des Gesetzes zum Schutze des deutschen Blutes und der deutschen Ehre (Reichsgesetzbl. I S. 1334) vorliegt.

§ 4

Das Ehetauglichkeitszeugnis wird von dem für die Untersuchung der Braut zuständigen Gesundheitsamt ausgestellt. Ist das Gesundheitsamt nicht auch für die Untersuchung des Bräutigams zuständig, so ist das Ehetauglichkeitszeugnis erst auszustellen, wenn die Unterlagen über den Gesundheitszustand des Bräutigams vorliegen.

§ 5

Leisten die Verlobten einer Anordnung des Gesundheitsamts zur Beibringung der für ihre Beurteilung erforderlichen Nachweise keine Folge, so kann das Gesundheitsamt die Ausstellung des Ehetauglichkeitszeugnisses ablehnen.

§ 6

Besitzt nur der Bräutigam die Reichsangehörigkeit, so ist er verpflichtet, die Unterlagen für die Beurteilung der Ehetauglichkeit der Braut beizubringen.

§ 7

Das Ehetauglichkeitszeugnis wird ungültig, wenn die Ehe nicht binnen sechs Monaten seit der Ausstellung geschlossen wird. Das Gesundheitsamt kann die Frist verlängern.

§ 8

(1) Werden dem Gesundheitsamt nach Erteilung des Ehetauglichkeitszeugnisses Ehehindernisse nach § 1 des Gesetzes bekannt, so kann es das Zeugnis zurücknehmen, solange die Ehe nicht geschlossen ist.

(2) Die Zurücknahme ist beiden Verlobten und den für die Eheschließung zuständigen Standesbeamten mitzuteilen.

§ 9

Über die Versagung des Ehetauglichkeitszeugnisses ist den Verlobten von dem Gesundheitsamt eine Bescheinigung zu erteilen (Anlage 3).

§ 10

(1) Für die Erteilung oder die Versagung des Ehetauglichkeitszeugnisses erhebt das Gesundheitsamt von jedem Verlobten eine Gebühr von fünf Reichsmark. Bei Bedürftigkeit hat das Gesundheitsamt die Gebühr zu ermäßigen oder zu erlassen. Über Beschwerden gegen die Gebührenfestsetzung entscheidet die höhere Verwaltung behörde endgültig.

(2) Die Aushändigung des Zeugnisses oder der Bescheinigung (§ 9) kann von der vorherigen Zahlung der Gebühr abhängig gemacht werden.

(3) Die Tätigkeit des Arztes nach § 2 Abs. 2 ist kostenlos, wenn sie für eine Person, die bei einer reichsgesetzlichen Krankenkasse oder einer Ersatzkasse versichert ist, für deren anspruchsberechtigte Familienangehörigen oder für solche Personen ausgeübt wird, für die im Fall einer Krankheit die öffentliche Fürsorge eintreten muß. Das Vorhandensein dieser Voraussetzungen ist dem Arzt durch Vorlage eines Ausweises der Krankenkasse oder des Fürsorgeträgers nachzuweisen.

§ 11

Gegen die Versagung (§ 9) oder Zurücknahme (§ 8) das Ehetauglichkeitszeugnisses aus Gründen des § 1 des Ehegesundheitsgesetzes kann jeder Verlobte die Entscheidung des Erbgesundheitsgerichts anrufen.

§ 12

Zuständig ist das Erbgesundheitsgericht, in dessen Bezirk das Gesundheitsamt seinen Sitz hat. Aus wichtigen Gründen kann das Erbgesundheitsgericht die Sache an ein anderes Erbgesundheitsgericht abgeben; die Abgabeverfügung ist für dieses Gericht bindend.

§ 13

(1) Gegen die Entscheidung des Erbgesundheitsgerichts ist binnen einer Notfrist von zwei Wochen seit der Zustellung die Beschwerde an das Erbgesundheitsobergericht zulässig. Die Beschwerde hat aufschiebende Wirkung.

(2) Die Beschwerde kann von jedem Verlobten sowie von dem Leiter des Gesundheitsamtes eingelegt werden.

§ 14

(1) Das Gericht hat von Amts wegen zu prüfen, ob ein Ehehindernis nach § 1 des Gesetzes vorliegt.

(2) Der Beschluß, daß ein solches Ehehindernis nicht vorliegt, ersetzt das Ehetauglichkeitszeugnis.

§ 15

Als Richter sind die Ärzte ausgeschlossen, die bei der Untersuchung auf die Ehetauglichkeit oder bei der Ausstellung der Bescheinigung (§ 9) mitgewirkt haben.

§ 16

(1) Ein minderjähriger Verlobter kann seine Rechte selbst wahrnehmen.

(2) Dem Antrag auf gerichtliche Entscheidung ist, wenn einer der Verlobten minderjährig ist, die nach dem Bürgerlichen Gesetzbuch erforderliche elterliche Einwilligung zur Eheschließung beizufügen.

(3) Ein Pfleger wird in Ehegesundheitssachen nicht bestellt.

§ 17

Auf das Verfahren in Ehegesundheitssachen finden die Vorschriften des Gesetzes zur Verhütung erbkranken Nachwuchses vom 14. Juli 1933 (Reichsgesetzbl. I S. 529) in der Fassung vom 26. Juni 1935 (Reichsgesetzbl. I S. 773) und seiner Ausführungsverordnungen entsprechende Anwendung.

§ 18

(1) Das Gericht kann das persönliche Erscheinen der Verlobten und ihre ärztliche Untersuchung anordnen. Ein Zwang zur Durchführung dieser Anordnungen ist nicht statthaft.

(2) Wird der Anordnung nicht Folge geleistet, so kann das Gericht die Versagung oder Zurücknahme des Zeugnisses ohne weitere Ermittlungen bestätigen.

§ 19

Der Beschluß des Gerichts ist beiden Verlobten sowie dem Gesundheitsamt unter Mitteilung der Gründe zuzustellen.

§ 20

(1) Für das gerichtliche Verfahren wird in jedem Rechtszug eine Gebühr von fünf Reichsmark erhoben. Für das Verfahren vor dem Erbgesundheitsobergericht wird die Gebühr nicht erhoben, wenn die Beschwerde von dem Leiter des Gesundheitsamts eingelegt worden ist.

(2) Auf Antrag kann der Vorsitzende die Gebühr, solange sie noch nicht gezahlt ist, ermäßigen oder erlassen, wenn die Verlobten bedürftig sind und die Rechtsverfolgung nicht aussichtslos erscheint; die Verfügung ist unanfechtbar.

(3) Sofern die Gebühr nicht erlassen ist, wird das Gericht erst nach Zahlung der im Abs. 1 bestimmten oder nach Abs. 2 ermäßigten Gebühr in der Sache tätig.

(4) Der unterliegende Verlobte hat die Auslagen des Verfahrens zu tragen. Die Vorschriften des Gerichtskostengesetzes finden Anwendung.

(5) Ist rechtskräftig festgestellt, daß ein Ehehindernis nach § 1 des Gesetzes nicht besteht, so werden die gerichtlichen Gebühren erstattet

§ 21

Eine Wiederaufnahme des Verfahrens findet nicht statt.

§ 22

Die Ausstellung des Ehetauglichkeitszeugnisses kann frühestens sechs Monate, nachdem der Beschluß des Gerichts rechtskräftig geworden ist, erneut beim Gesundheitsamt beantragt werden.

§ 23

Das Aufgebot darf erst angeordnet werden, wenn dem Standesbeamten das Ehetauglichkeitszeugnis vorgelegt worden ist. § 3 findet Anwendung.

§ 24

§ 1 des Ehegesundheitsgesetzes steht der Eheschließung nicht entgegen, wenn die Ehe nach § 50 des Personenstandsgesetzes vom 6. Februar 1875 (Reichsgesetzbl. S. 23, 33) wegen lebensgefährlicher Erkrankung eines Verlobten ohne Aufgebot geschlossen werden darf.

§ 25

Die Unfruchtbarkeit einer Frau, die über 45 Jahre alt ist, braucht im Fall des § 1 Abs. 2 des Gesetzes nicht nachgewiesen zu werden.

§ 26

Lehnt der Standesbeamte vor dem Inkrafttreten des § 2 des Gesetzes das Aufgebot ab, weil das von ihm geforderte Zeugnis nicht beigebracht wird, so ist eine Anrufung des Gerichts § 11 Abs. 3 des Personenstandsgesetzes) ausgeschlossen.

§ 27

Bis zum Inkrafttreten des § 2 des Gesetzes darf, wenn auch nur ein Verlobter seinen gewöhnlichen Aufenthalt im Ausland hat, der Standesbeamte die Ausstellung eines Ehefähigkeitszeugnisses nicht von der Beibringung eines Ehetauglichkeitszeugnisses abhängig machen.

§ 28

Die Nichtigkeit einer entgegen dem § 1 des Ehegesundheitsgesetzes geschlossenen Ehe kann nur im Wege der Nichtigkeitsklage geltend gemacht werden.

§ 29

Auf Staatenlose, die ihren gewöhnlichen Aufenthalt im Ausland haben, findet das Ehegesundheitsgesetz keine Anwendung, es sei denn, daß die Ehe in Deutschland geschlossen wird.

§ 30

(1) In besonderen Ausnahmefällen kann die höhere Verwaltungsbehörde nach Richtlinien, die vom Reichsminister des Innern im Einvernehmen mit dem Stellvertreter des Führers erlassen werden, Befreiungen von den Vorschriften der §§ 1 und 2 des Gesetzes bewilligen.

(2) Gegen die Ablehnung des Befreiungsgesuchs ist Beschwerde an den Reichsminister des Innern zulässig.

(2) Schwägerschaft im Sinne des Abs. 1 besteht zwischen einem Ehegatten und den Blutsverwandten des anderen Ehegatten, gleichgültig ob die Blutsverwandtschaft auf ehelicher oder unehelicher Geburt beruht.

(3) Von der Vorschrift des Abs. 1 kann Befreiung bewilligt werden.

§ 8

Doppelehe

Niemand darf eine Ehe eingehen, bevor seine frühere Ehe für nichtig erklärt oder aufgelöst worden ist.

§ 9

Ehebruch

(1) Eine Ehe darf nicht geschlossen werden zwischen einem wegen Ehebruchs geschiedenen Ehegatten und demjenigen, mit dem er den Ehebruch begangen hat, wenn dieser Ehebruch in dem Scheidungsurteil als Grund der Scheidung festgestellt ist.

(2) Von dieser Vorschrift kann Befreiung bewilligt werden. Sie soll nur versagt werden, wenn schwerwiegende Gründe der Eingehung der neuen Ehe entgegenstehen.

§ 10

Annahme an Kindes Statt

Eine Ehe soll nicht geschlossen werden zwischen einem angenommenen Kinde und seinen Abkömmlingen einerseits und dem

---

(3) Der Reichsminister des Innern kann in Fällen bestimmter Art und in Einzelfällen über Befreiungsgesuche selbst entscheiden.

Berlin, den 29. November 1935.

Der Reichsminister des Innern
Frick

Der Stellvertreter des Führers
R. Heß,
Reichsminister ohne Geschäftsbereich

Der Reichsminister der Justiz
Dr. Gürtner

Annehmenden andererseits, solange das durch die Annahme begründete Rechtsverhältnis besteht.

§ 11

Wartezeit

(1) Eine Frau soll nicht vor Ablauf von zehn Monaten nach der Auflösung oder Nichtigerklärung ihrer früheren Ehe eine neue Ehe eingehen, es sei denn, daß sie inzwischen geboren hat.

(2) Von dieser Vorschrift kann Befreiung bewilligt werden.

§ 12

Auseinandersetzungszeugnis des Vormundschaftsrichters

Wer ein eheliches Kind hat, das minderjährig ist oder unter seiner Vormundschaft steht, oder wer mit einem minderjährigen oder bevormundeten Abkömmling in fortgesetzter Gütergemeinschaft lebt, soll eine Ehe nicht eingehen, bevor er ein Zeugnis des Vormundschaftsrichters darüber beigebracht hat, daß er dem Kinde oder dem Abkömmling gegenüber die ihm aus Anlaß der Wiederverheiratung obliegenden Pflichten erfüllt hat oder daß ihm solche Pflichten nicht obliegen.

§ 13

Heiratserlaubnis

Angehörige der Wehrmacht und des Reichsarbeitsdienstes sowie Beamte, die zur Eingehung einer Ehe einer besonderen Erlaubnis ihrer vorgesetzten Dienststelle bedürfen, sollen nicht ohne diese Erlaubnis eine Ehe eingehen.

§ 14

Ehefähigkeitszeugnis für Ausländer

(1) Ausländer sollen eine Ehe nicht eingehen, bevor sie ein Zeugnis der inneren Behörde ihres Heimatlandes darüber beigebracht haben, daß der Eheschließung ein in den Gesetzen des Heimatlandes begründetes Ehehindernis nicht entgegensteht.

(2) Von dieser Vorschrift kann Befreiung bewilligt werden.

C. Eheschließung

§ 15

(1) Eine Ehe kommt nur zustande, wenn die Eheschließung vor einem Standesbeamten stattgefunden hat.

(2) Als Standesbeamter im Sinne des Abs. 1 gilt auch, wer, ohne Standesbeamter zu sein, das Amt eines Standesbeamten öffentlich ausgeübt und die Ehe in das Familienbuch eingetragen hat.

§ 16

Aufgebot

(1) Der Eheschließung soll ein Aufgebot vorhergehen. Das Aufgebot verliert seine Kraft, wenn die Ehe nicht binnen sechs Monaten nach Vollziehung des Aufgebots geschlossen wird.

(2) Die Ehe kann ohne Aufgebot geschlossen werden, wenn die lebensgefährliche Erkrankung eines der Verlobten den Aufschub der Eheschließung nicht gestattet.

(3) Von dem Aufgebot kann Befreiung bewilligt werden.

§ 17

Form der Eheschließung

(1) Die Ehe wird dadurch geschlossen, daß die Verlobten vor dem Standesbeamten persönlich und bei gleichzeitiger Anwesenheit erklären, die Ehe miteinander eingehen zu wollen.

(2) Die Erklärungen können nicht unter einer Bedingung oder einer Zeitbestimmung abgegeben werden.

§ 18

Trauung

(1) Der Standesbeamte soll bei der Eheschließung in Gegenwart von zwei Zeugen an die Verlobten einzeln und nacheinander die Frage richten, ob sie die Ehe miteinander eingehen wollen, und, nachdem die Verlobten die Frage bejaht haben, im Namen des Reiches aussprechen, daß sie nunmehr rechtmäßig verbundene Eheleute seien.

(2) Der Standesbeamte soll die Eheschließung in das Familienbuch eintragen.

§ 19

Zuständigkeit des Standesbeamten

(1) Die Ehe soll vor dem zuständigen Standesbeamten geschlossen werden.

(2) Zuständig ist der Standesbeamte, in dessen Bezirk einer der Verlobten seinen Wohnsitz oder seinen gewöhnlichen Aufenthalt hat. Unter mehreren zuständigen Standesbeamten haben die Verlobten die Wahl.

(3) Hat keiner der Verlobten seinen Wohnsitz oder seinen gewöhnlichen Aufenthalt im Inland, so ist für die Eheschließung im Inland der Standesbeamte des Standesamts I in Berlin zuständig.

(4) Auf Grund einer schriftlichen Ermächtigung des zuständigen Standesbeamten kann die Ehe auch vor dem Standesbeamten eines anderen Bezirks geschlossen werden.

D. Nichtigkeit der Ehe

I. Nichtigkeitsgründe

§ 20

Eine Ehe ist nur in den Fällen nichtig, in denen dies im Gesetz zum Schutze des deutschen Blutes und der deutschen Ehre, im Gesetz zum Schutze der Erbgesundheit des deutschen Volkes (Ehegesundheitsgesetz) oder in den §§ 21 bis 26 dieses Gesetzes bestimmt ist.

§ 21

Mangel der Form

(1) Eine Ehe ist nichtig, wenn die Eheschließung nicht in der durch § 17 vorgeschriebenen Form stattgefunden hat.

(2) Die Ehe ist jedoch als von Anfang an gültig anzusehen, wenn die Ehegatten nach der Eheschließung fünf Jahre oder, falls einer von ihnen vorher verstorben ist, bis zu dessen Tode, jedoch mindestens drei Jahre, als Ehegatten miteinander gelebt haben, es sei denn, daß bei Ablauf der fünf Jahre oder zur Zeit des Todes des einen Ehegatten die Nichtigkeitsklage erhoben ist.

§ 22

Mangel der Geschäfts- oder Urteilsfähigkeit

(1) Eine Ehe ist nichtig, wenn einer der Ehegatten zur Zeit der Eheschließung geschäftsunfähig war oder sich im Zustand der Bewußtlosigkeit oder vorübergehenden Störung der Geistestätigkeit befand.

(2) Die Ehe ist jedoch als von Anfang an gültig anzusehen, wenn der Ehegatte nach dem Wegfall der Geschäftsunfähigkeit, der Bewußtlosigkeit oder der Störung der Geistestätigkeit zu erkennen gibt, daß er die Ehe fortsetzen will.

§ 23

Namensehe und Staatsangehörigkeitsehe

(1) Eine Ehe ist nichtig, wenn sie ausschließlich oder vorwiegend zu dem Zweck geschlossen ist, der Frau die Führung des Familiennamens des Mannes oder den Erwerb der Staatsangehörigkeit des Mannes zu ermöglichen, ohne daß die eheliche Lebensgemeinschaft begründet werden soll.

(2) Die Ehe ist jedoch als von Anfang an gültig anzusehen, wenn die Ehegatten nach der Eheschließung fünf Jahre oder, falls einer von ihnen vorher verstorben ist, bis zu seinem Tode, jedoch mindestens drei Jahre, als Ehegatten miteinander gelebt haben, es sei denn, daß bei Ablauf der fünf Jahre oder zur Zeit des Todes des einen Ehegatten die Nichtigkeitsklage erhoben ist.

§ 24

Doppelehe

Eine Ehe ist nichtig, wenn einer der Ehegatten zur Zeit der Eheschließung mit einem Dritten in gültiger Ehe lebte.

§ 25

Verwandtschaft und Schwägerschaft

(1) Eine Ehe ist nichtig, wenn sie den Verboten der §§ 6 und 7 zuwider zwischen Blutsverwandten oder zwischen Verschwägerten geschlossen ist.

(2) Die Ehe zwischen Verschwägerten ist jedoch als von Anfang an gültig anzusehen, wenn nachträglich Befreiung von der Vorschrift des § 7 bewilligt wird.

§ 26

Ehebruch

(1) Eine Ehe ist nichtig, wenn sie wegen Ehebruchs nach § 9 verboten war.

(2) Die Ehe ist jedoch als von Anfang an gültig anzusehen, wenn nachträglich Befreiung von der Vorschrift des § 9 bewilligt wird.

II. Berufung auf die Nichtigkeit

§ 27

Niemand kann sich auf die Nichtigkeit einer Ehe berufen, solange nicht die Ehe durch gerichtliches Urteil für nichtig erklärt worden ist.

§ 28

Klagebefugnis

(1) Ist eine Ehe auf Grund des Gesetzes zum Schutze des deutschen Blutes und der deutschen Ehre, des Gesetzes zum Schutze der Erbgesundheit des deutschen Volkes (Ehegesundheitsgesetz) oder des § 23 dieses Gesetzes nichtig, so kann nur der Staatsanwalt die Nichtigkeitsklage erheben.

(2) In allen übrigen Fällen der Nichtigkeit kann der Staatsanwalt und jeder der Ehegatten, im Falle des § 24 auch der Ehegatte der früheren Ehe die Nichtigkeitsklage erheben. Ist die Ehe aufgelöst, so kann nur der Staatsanwalt die Nichtigkeitsklage erheben.

(3) Sind beide Ehegatten verstorben, so kann eine Nichtigkeitsklage nicht mehr erhoben werden.

III. Folgen der Nichtigkeit

Rechtliche Stellung der Kinder

§ 29

(1) Ein Kind aus einer Ehe, die auf Grund des Gesetzes zum Schutze des deutschen Blutes und der deutschen Ehre, des Ge-

setzes zum Schutze der Erbgesundheit des deutschen Volkes (Ehegesundheitsgesetz) oder des § 23 dieses Gesetzes nichtig ist, ist unehelich.

(2) Auf die Unehelichkeit des Kindes kann sich niemand berufen, solange nicht die Ehe der Eltern für nichtig erklärt oder die Unehelichkeit des Kindes durch gerichtliches Urteil festgestellt ist.

(3) Die Klage auf Feststellung der Unehelichkeit kann nur der Staatsanwalt erheben. Die Klage ist ausgeschlossen, solange auch nur einer der Ehegatten aus der nichtigen Ehe noch lebt.

(4) Ein Kind, das nach Abs. 1 unehelich ist, kann gleichwohl von dem Vater, solange er lebt, Unterhalt wie ein eheliches Kind verlangen.

§ 30

(1) Ein Kind aus einer Ehe, die auf Grund der §§ 21, 22, 24 bis 26 dieses Gesetzes nichtig ist, gilt als ehelich, sofern es im Falle der Gültigkeit der Ehe ehelich wäre.

(2) Auf das Recht, für die Person des Kindes zu sorgen, finden die im Falle der Scheidung geltenden Vorschriften entsprechende Anwendung. Der Schuldigerklärung steht es gleich, wenn einem der Ehegatten die Nichtigkeit der Ehe zur Zeit der Eheschließung bekannt war.

(3) Die Verwaltung und Nutznießung des Kindesvermögens und die Vertretung des Kindes in vermögensrechtlichen Angelegenheiten steht einem Ehegatten, dem die Nichtigkeit der Eheschließung bekant war, nicht zu.

§ 31

Vermögensrechtliche Beziehungen der Ehegatten

(1) Hat auch nur einer der Ehegatten die Nichtigkeit der Ehe bei der Eheschließung nicht gekannt, so finden auf das Verhältnis der Ehegatten in vermögensrechtlicher Beziehung die im Falle der Scheidung geltenden Vorschriften entsprechende Anwendung. Dabei ist ein Ehegatte, dem die Nichtigkeit der Ehe bei der Eheschließung bekannt war, wie ein für schuldig erklärter Ehegatte zu behandeln.

(2) Ein Ehegatte, der die Nichtigkeit der Ehe bei der Eheschließung nicht gekannt hat, kann binnen sechs Monaten, nachdem die Ehe rechtskräftig für nichtig erklärt ist, dem anderen Ehegatten erklären, daß es für ihr Verhältnis in vermögensrechtlicher Beziehung bei den Folgen der Nichtigkeit bewenden solle. Gibt er eine solche Erklärung ab, so findet die Vorschrift des Abs. 1 keine Anwendung.

§ 32

Schutz gutgläubiger Dritter

Einem Dritten gegenüber können aus der Nichtigkeit der Ehe Einwendungen gegen ein zwischen ihm und einem der Ehegatten vorgenommenes Rechtsgeschäft oder gegen ein zwischen ihnen ergangenes rechtskräftiges Urteil nur hergeleitet werden, wenn die Ehe bereits zur Zeit der Vornahme des Rechtsgeschäfts oder zur Zeit des Eintritts der Rechtshängigkeit für nichtig erklärt oder die Nichtigkeit dem Dritten bekannt war.

E. Aufhebung der Ehe

I. Allgemeine Vorschriften

§ 33

Die Aufhebung einer Ehe kann nur in den Fällen der §§ 35 bis 39 und 44 dieses Gesetzes begehrt werden.

§ 34

Die Ehe wird durch gerichtliches Urteil aufgehoben. Sie ist mit der Rechtskraft des Urteils aufgelöst.

II. Aufhebungsgründe

§ 35

Mangel der Einwilligung des gesetzlichen Vertreters

(1) Ein Ehegatte kann Aufhebung der Ehe begehren, wenn er zur Zeit der Eheschließung oder im Falle des § 22 Abs. 2 zur Zeit der Bestätigung in der Geschäftsfähigkeit beschränkt war und sein gesetzlicher Vertreter nicht die Einwilligung zur Eheschließung

oder zur Bestätigung erteilt hatte. Solange der Ehegatte in der Geschäftsfähigkeit beschränkt ist, kann nur sein gesetzlicher Vertreter die Aufhebung der Ehe begehren.

(2) Die Aufhebung ist ausgeschlossen, wenn der gesetzliche Vertreter die Ehe genehmigt oder der Ehegatte, nachdem er unbeschränkt geschäftsfähig geworden ist, zu erkennen gegeben hat, daß er die Ehe fortsetzen will.

(3) Verweigert der gesetzliche Vertreter die Genehmigung ohne triftige Gründe, so kann der Vormundschaftsrichter sie auf Antrag eines Ehegatten ersetzen.

§ 36

Irrtum über Eheschließung oder über die Person des anderen Ehegatten

(1) Ein Ehegatte kann Aufhebung der Ehe begehren, wenn er bei der Eheschließung nicht gewußt hat, daß es sich um eine Eheschließung handelt, oder wenn er dies zwar gewußt hat, aber eine Erklärung, die Ehe eingehen zu wollen, nicht hat abgeben wollen. Das gleiche gilt, wenn der Ehegatte sich in der Person des anderen Ehegatten geirrt hat.

(2) Die Aufhebung ist ausgeschlossen, wenn der Ehegatte nach Entdeckung des Irrtums zu erkennen gegeben hat, daß er die Ehe fortsetzen will.

§ 37

Irrtum über Umstände, die die Person des anderen Ehegatten betreffen

(1) Ein Ehegatte kann Aufhebung der Ehe begehren, wenn er sich bei der Eheschließung über solche die Person des anderen Ehegatten betreffende Umstände geirrt hat, die ihn bei Kenntnis der Sachlage und bei richtiger Würdigung des Wesens der Ehe von der Eingehung der Ehe abgehalten hätten.

(2) Die Aufhebung ist ausgeschlossen, wenn der Ehegatte nach Entdeckung des Irrtums zu erkennen gegeben hat, daß er die Ehe fortsetzen will, oder wenn sein Verlangen nach Aufhebung der Ehe mit Rücksicht auf die bisherige Gestaltung des ehelichen Lebens der Ehegatten sittlich nicht gerechtfertigt erscheint.

§ 38

Arglistige Täuschung

(1) Ein Ehegatte kann Aufhebung der Ehe begehren, wenn er zur Eingehung der Ehe durch arglistige Täuschung über solche Umstände bestimmt worden ist, die ihn bei Kenntnis der Sachlage und bei richtiger Würdigung des Wesens der Ehe von der Eingehung der Ehe abgehalten hätten.

(2) Die Aufhebung ist ausgeschlossen, wenn die Täuschung von einem Dritten ohne Wissen des anderen Ehegatten verübt worden ist, oder wenn der Ehegatte nach Entdeckung der Täuschung zu erkennen gegeben hat, daß er die Ehe fortsetzen will.

(3) Auf Grund einer Täuschung über Vermögensverhältnisse kann die Aufhebung der Ehe nicht begehrt werden.

§ 39

Drohung

(1) Ein Ehegatte kann Aufhebung der Ehe begehren, wenn er zur Eingehung der Ehe widerrechtlich durch Drohung bestimmt worden ist.

(2) Die Aufhebung ist ausgeschlossen, wenn der Ehegatte nach Aufhören der durch die Drohung begründeten Zwangslage zu erkennen gegeben hat, daß er die Ehe fortsetzen will.

III. Erhebung der Aufhebungsklage

§ 40

Klagefrist

(1) Die Aufhebungsklage kann nur binnen eines Jahres erhoben werden.

(2) Die Frist beginnt in den Fällen des § 35 mit dem Zeitpunkt, in welchem die Eingehung oder die Bestätigung der Ehe dem gesetzlichen Vertreter bekannt wird oder der Ehegatte die unbeschränkte Geschäftsfähigkeit erlangt, in den Fällen der §§ 36 bis 38 mit dem Zeitpunkt, in welchem der Ehegatte den Irrtum oder die Täuschung entdeckt, in dem Falle des § 39 mit dem Zeitpunkt, in welchem die Zwangslage aufhört.

(3) Der Lauf der Frist ist gehemmt, solange der klageberech-

tigte Ehegatte innerhalb der letzten sechs Monate der Klagefrist durch einen unabwendbaren Zufall an der Erhebung der Aufhebungsklage gehindert ist.

(4) Hat ein klageberechtigter Ehegatte, der geschäftsunfähig ist, keinen gesetzlichen Vertreter, so endet die Klagefrist nicht vor dem Ablauf von sechs Monaten nach dem Zeitpunkt, von dem an der Ehegatte die Aufhebungsklage selbständig erheben kann oder in dem der Mangel der Vertretung aufhört.

§ 41

Versäumung der Klagefrist durch den gesetzlichen Vertreter

Hat der gesetzliche Vertreter eines geschäftsunfähigen Ehegatten die Aufhebungsklage nicht rechtzeitig erhoben, so kann der Ehegatte selbst innerhalb von sechs Monaten seit dem Wegfall der Geschäftsunfähigkeit die Aufhebungsklage erheben.

IV. Folgen der Aufhebung

§ 42

(1) Die Folgen der Aufhebung einer Ehe bestimmen sich nach den Vorschriften über die Folgen der Scheidung.

(2) In den Fällen der §§ 35 bis 37 ist der Ehegatte als schuldig anzusehen, der den Aufhebungsgrund bei Eingehung der Ehe kannte, in den Fällen der §§ 38 und 39 der Ehegatte, von dem oder mit dessen Wissen die Täuschung oder die Drohung verübt worden ist.

F. Wiederverheiratung im Falle der Todeserklärung

§ 43

(1) Geht ein Ehegatte, nachdem der andere Ehegatte für tot erklärt worden ist, eine neue Ehe ein, so ist die neue Ehe nicht deshalb nichtig, weil der für tot erklärte Ehegatte noch lebt, es sei denn, daß beide Ehegatten bei der Eheschließung wissen, daß er die Todeserklärung überlebt hat.

(2) Mit der Schließung der neuen Ehe wird die frühere

Ehe aufgelöst. Sie bleibt auch dann aufgelöst, wenn die Todeserklärung aufgehoben wird.

§ 44

(1) Lebt der für tot erklärte Ehegatte noch, so kann sein früherer Ehegatte die Aufhebung der neuen Ehe begehren, es sei denn, daß er bei der Eheschließung wußte, daß der für tot erklärte Ehegatte die Todeserklärung überlebt hat.

(2) Macht der frühere Ehegatte von dem ihm nach Abs. 1 zustehenden Recht Gebrauch und wird die neue Ehe aufgehoben, so kann er zu Lebzeiten seines Ehegatten aus der früheren Ehe eine neue Ehe nur mit diesem eingehen. Im übrigen bestimmen sich die Folgen der Aufhebung nach § 42.

§ 45

Ist eine Ehe gemäß § 43 Abs. 2 aufgelöst, so regelt sich das Recht, für die Person eines Kindes aus dieser Ehe zu sorgen, sowie die Verpflichtung eines der Ehegatten, dem anderen einen Beitrag zu dem Unterhalt dieses Kindes zu leisten, in gleicher Weise, wie wenn die Ehe ohne Schuldausspruch geschieden worden wäre.

Zweiter Abschnitt

Recht der Ehescheidung

A. Allgemeine Vorschriften

§ 46

Die Ehe wird durch gerichtliches Urteil geschieden. Sie ist mit der Rechtskraft des Urteils aufgelöst. Die Voraussetzungen, unter denen die Scheidung begehrt werden kann, ergeben sich aus den nachstehenden Vorschriften.

B. Ehescheidungsgründe

I. Scheidung wegen Verschulden (Eheverfehlungen)

§ 47

Ehebruch

(1) Ein Ehegatte kann Scheidung begehren, wenn der andere die Ehe gebrochen hat.

(2) Er hat kein Recht auf Scheidung, wenn er dem Ehebruch zugestimmt oder ihn durch sein Verhalten absichtlich ermöglicht oder erleichtert hat.

§ 48
Verweigerung der Fortpflanzung

Ein Ehegatte kann Scheidung begehren, wenn der andere sich ohne triftigen Grund beharrlich weigert, Nachkommenschaft zu erzeugen oder zu empfangen, oder wenn er rechtswidrig Mittel zur Verhinderung der Geburt anwendet oder anwenden läßt.

§ 49
Andere Eheverfehlungen

Ein Ehegatte kann Scheidung begehren, wenn der andere durch eine sonstige schwere Eheverfehlung oder durch ehrloses oder unsittliches Verhalten die Ehe schuldhaft so tief zerrüttet hat, daß die Wiederherstellung einer ihrem Wesen entsprechenden Lebensgemeinschaft nicht erwartet werden kann. Wer selbst eine Verfehlung begangen hat, kann die Scheidung nicht begehren, wenn nach der Art seiner Verfehlung, insbesondere wegen des Zusammenhangs der Verfehlung des anderen Ehegatten mit seinem eigenen Verschulden sein Scheidungsbegehren bei richtiger Würdigung des Wesens der Ehe sittlich nicht gerechtfertigt ist.

II. Scheidung aus anderen Gründen

§ 50
Auf geistiger Störung beruhendes Verhalten

Ein Ehegatte kann Scheidung begehren, wenn die Ehe infolge eines Verhaltens des anderen Ehegatten, das nicht als Eheverfehlung betrachtet werden kann, weil es auf einer geistigen Störung beruht, so tief zerrüttet ist, daß die Wiederherstellung einer dem Wesen der Ehe entsprechenden Lebensgemeinschaft nicht erwartet werden kann.

§ 51
Geisteskrankheit

Ein Ehegatte kann Scheidung begehren, wenn der andere geisteskrank ist, die Krankheit einen solchen Grad erreicht hat, daß die geistige Gemeinschaft zwischen den Ehegatten aufgehoben ist, und eine Wiederherstellung dieser Gemeinschaft nicht erwartet werden kann.

§ 52
Ansteckende oder ekelerregende Krankheit

Ein Ehegatte kann Scheidung begehren, wenn der andere an einer schweren ansteckenden oder ekelerregenden Krankheit leidet und ihre Heilung oder die Beseitigung der Ansteckungsgefahr in absehbarer Zeit nicht erwartet werden kann.

§ 53
Unfruchtbarkeit

(1) Ein Ehegatte kann Scheidung begehren, wenn der andere nach der Eheschließung vorzeitig unfruchtbar geworden ist.

(2) Die Scheidung ist ausgeschlossen, wenn die Ehegatten miteinander erbgesunde eheliche Nachkommenschaft oder ein gemeinschaftlich an Kindes Statt angenommenes erbgesundes Kind haben.

(3) Wer selbst unfruchtbar ist, hat kein Recht auf Scheidung. Das gleiche gilt für den Ehegatten, der eine neue Ehe aus gesundheitlichen Gründen nicht würde eingehen dürfen oder dem das Gesundheitsamt hiervon abraten müßte.

§ 54
Vermeidung von Härten

In den Fällen der §§ 50 bis 53 darf die Ehe nicht geschieden werden, wenn das Scheidungsbegehren sittlich nicht gerechtfertigt ist. Dies ist in der Regel dann anzunehmen, wenn die Auflösung der Ehe den anderen Ehegatten außergewöhnlich hart treffen würde. Ob dies der Fall ist, richtet sich nach den Umständen, namentlich auch nach der Dauer der Ehe, dem Lebensalter der Ehegatten und dem Anlaß der Erkrankung oder der Unfruchtbarkeit.

§ 55
Auflösung der häuslichen Gemeinschaft

(1) Ist die häusliche Gemeinschaft der Ehegatten seit drei Jahren aufgehoben und infolge einer tiefgreifenden unheilbaren

Zerrüttung des ehelichen Verhältnisses die Wiederherstellung einer dem Wesen der Ehe entsprechenden Lebensgemeinschaft nicht zu erwarten, so kann jeder Ehegatte die Scheidung begehren.

(2) Hat der Ehegatte, der die Scheidung begehrt, die Zerrüttung ganz oder überwiegend verschuldet, so kann der andere der Scheidung widersprechen. Der Widerspruch ist nicht zu beachten, wenn die Aufrechterhaltung der Ehe bei richtiger Würdigung des Wesens der Ehe und des gesamten Verhaltens beider Ehegatten sittlich nicht gerechtfertigt ist.

C. Ausschluß des Scheidungsrechts

§ 56

Verzeihung

Das Recht auf Scheidung wegen Verschuldens besteht nicht, wenn sich aus dem Verhalten des verletzten Ehegatten ergibt, daß er die Verfehlung des anderen verziehen oder sie als ehezerstörend nicht empfunden hat.

§ 57

Fristablauf

(1) Das Recht auf Scheidung wegen Verschuldens erlischt, wenn der Ehegatte nicht binnen sechs Monaten die Klage erhebt. Die Frist beginnt mit der Kenntnis des Scheidungsgrundes. Sie läuft nicht, solange die häusliche Gemeinschaft der Ehegatten aufgehoben ist. Fordert der schuldige Ehegatte den anderen auf, die Gemeinschaft herzustellen oder die Klage auf Scheidung zu erheben, so läuft die Frist vom Empfang der Aufforderung an.

(2) Die Scheidung ist nicht mehr zulässig, wenn seit dem Eintritt des Scheidungsgrundes zehn Jahre verstrichen sind. Die Scheidung bleibt jedoch zulässig, wenn ihr Grund ein nach § 2 des Gesetzes zum Schutze des deutschen Blutes und der deutschen Ehre verbotener Ehebruch ist.

(3) Der Erhebung der Klage steht der Antrag auf Anberaumung eines Sühnetermins gleich, sofern die Ladung demnächst erfolgt. Der Antrag verliert diese Wirkung, wenn der Antragsteller im Sühnetermin nicht erscheint oder die Klage nicht binnen drei Monaten seit dem Abschluß des Sühneverfahrens erhebt.

(4) Für die Sechs- und die Dreimonatsfrist gilt § 40 Abs. 3 und 4 entsprechend.

§ 58

(1) Das Recht auf Scheidung wegen Unfruchtbarkeit erlischt, wenn die Klage nicht binnen Jahresfrist erhoben wird. § 57 Abs. 3 findet Anwendung. Die Frist beginnt mit der Kenntnis der Unfruchtbarkeit, gegebenenfalls mit dem Zeitpunkt, in dem der Berechtigte erfährt, daß ein Ausschließungsgrund nach § 53 Abs. 2 nicht oder nicht mehr vorhanden ist. § 40 Abs. 3 und 4 gilt entsprechend.

(2) Die Scheidung ist ausgeschlossen, wenn der Ehegatte, der sie begehrt, das dreißigste Lebensjahr vollendet hat und seit Eingehung der Ehe zehn Jahre verstrichen sind.

§ 59

Nachträgliche Geltendmachung von Scheidungsgründen bei Scheidung wegen Verschuldens und wegen Unfruchtbarkeit

(1) Nach Ablauf der in den §§ 57 und 58 bezeichneten Fristen kann während eines Scheidungsstreites ein Scheidungsgrund noch geltend gemacht werden, wenn die Frist bei der Klageerhebung noch nicht verstrichen war.

(2) Eheverfehlungen, auf die eine Scheidungsklage nicht mehr gegründet werden kann, können nach Ablauf der Fristen des § 57 zur Unterstützung einer auf andere Eheverfehlungen gegründeten Scheidungsklage geltend gemacht werden.

D. Schuldausspruch

§ 60

Bei Scheidung wegen Verschuldens

(1) Wird die Ehe wegen Verschuldens des Beklagten geschieden, so ist dies im Urteil auszusprechen.

(2) Hat der Beklagte Widerklage erhoben und wird die Ehe wegen Verschuldens beider Ehegatten geschieden, so sind beide für schuldig zu erklären. Ist das Verschulden des einen Ehegatten erheblich schwerer als das des anderen, so ist zugleich auszusprechen, daß seine Schuld überwiegt.

(3) Auch ohne Erhebung einer Widerklage ist auf Antrag des Beklagten die Mitschuld des Klägers auszusprechen, wenn die Ehe wegen einer Verfehlung des Beklagten geschieden wird und dieser zur Zeit der Erhebung der Klage oder später auf Scheidung wegen Verschuldens hätte klagen können. Hatte der Beklagte bei der Klageerhebung das Recht, die Scheidung wegen Verschuldens des Klägers zu begehren, bereits verloren, so ist dem Antrag gleichwohl stattzugeben, wenn dies der Billigkeit entspricht. Abs. 2 Satz 2 und § 57 Abs. 3 gelten entsprechend.

§ 61

Bei Scheidung aus anderen Gründen

(1) Wird die Ehe auf Klage und Widerklage geschieden und trifft nur einen Ehegatten ein Verschulden, so ist dies im Urteil auszusprechen.

(2) Wird die Ehe lediglich auf Grund der Vorschriften der §§ 50 bis 53 und 55 geschieden und hätte der Beklagte zur Zeit der Erhebung der Klage oder später auf Scheidung wegen Verschuldens des Klägers klagen können, so ist auch ohne Erhebung einer Widerklage auf Antrag des Beklagten auszusprechen, daß den Kläger ein Verschulden trifft. Hatte der Beklagte bei der Klageerhebung das Recht, die Scheidung wegen Verschuldens des Klägers zu begehren, bereits verloren, so ist dem Antrag gleichwohl stattzugeben, wenn dies der Billigkeit entspricht. § 57 Abs. 3 findet entsprechende Anwendung.

E. Folgen der Scheidung.

I. Name der geschiedenen Frau

§ 62

Grundsatz

Die geschiedene Frau behält den Familiennamen des Mannes.

§ 63

Wiederannahme eines früheren Namens

(1) Die geschiedene Frau kann durch Erklärung gegenüber dem Standesbeamten ihren Familiennamen wieder annehmen. Die Erklärung bedarf der öffentlichen Beglaubigung.

(2) In gleicher Weise kann die Frau einen früheren Ehenamen, den sie bei Eingehung der geschiedenen Ehe hatte, wieder annehmen, wenn aus der früheren Ehe Nachkommenschaft vorhanden ist. Die Wiederannahme ist ausgeschlossen, wenn die Frau allein oder überwiegend für schuldig erklärt ist.

§ 64

Untersagung der Namensführung durch den Mann

(1) Ist die Frau allein oder überwiegend schuldig, so kann ihr der Mann durch Erklärung gegenüber dem Standesbeamten die Weiterführung seines Namens untersagen. Die Erklärung bedarf der öffentlichen Beglaubigung. Der Standesbeamte soll der Frau die Erklärung mitteilen.

(2) Mit dem Verlust des Mannesnamens erhält die Frau ihren Familiennamen wieder.

§ 65

Untersagung der Namensführung durch das Vormundschaftsgericht

(1) Macht die Frau sich nach der Scheidung einer schweren Verfehlung gegen den Mann schuldig oder führt sie gegen seinen Willen einen ehrlosen oder unsittlichen Lebenswandel, so kann ihr das Vormundschaftsgericht auf Antrag des Mannes die Weiterführung seines Namens untersagen. Ist der Mann gestorben, so kann ein naher Angehöriger den Antrag stellen, wenn die Frau gegen seinen Willen einen ehrlosen oder unsittlichen Lebenswandel führt oder wenn sie sich einer schweren Verfehlung gegen den Verstorbenen schuldig macht; nahe Angehörige in diesem Sinne sind Verwandte des Mannes bis zum zweiten Grade und, wenn er sich wieder verheiratet hatte, die Witwe.

(2) Abs. 1 gilt entsprechend, wenn die Frau nach § 63 Abs. 2 einen früheren Ehenamen wieder angenommen hat.

(3) Der Beschluß, der die Weiterführung des Namens untersagt, wird erst mit der Rechtskraft wirksam. Die Frau erhält damit ihren Familiennamen wieder.

II. Unterhalt

a) Unterhaltspflicht bei Scheidung wegen Verschuldens

§ 66

(1) Der allein oder überwiegend schuldige Mann hat der geschiedenen Frau den nach den Lebensverhältnissen der Ehegatten angemessenen Unterhalt zu gewähren, soweit die Einkünfte aus dem Vermögen der Frau und die Erträgnisse einer Erwerbstätigkeit, die von ihr den Umständen nach erwartet werden kann, nicht ausreichen.

(2) Die allein oder überwiegend schuldige Frau hat dem geschiedenen Mann angemessenen Unterhalt zu gewähren, soweit er außerstande ist, sich selbst zu unterhalten.

§ 67

(1) Würde der allein oder überwiegend schuldige Ehegatte durch Gewährung des im § 66 bestimmten Unterhalts bei Berücksichtigung seiner sonstigen Verpflichtungen den eigenen angemessenen Unterhalt gefährden, so braucht er nur so viel zu leisten, als es mit Rücksicht auf die Bedürfnisse und die Vermögens- und Erwerbsverhältnisse der geschiedenen Ehegatten der Billigkeit entspricht. Hat der Verpflichtete einem minderjährigen unverheirateten Kinde oder bei Wiederverheiratung dem neuen Ehegatten Unterhalt zu gewähren, so sind auch die Bedürfnisse und die wirtschaftlichen Verhältnisse dieser Personen zu berücksichtigen.

(2) Der Mann ist unter den Voraussetzungen des Abs. 1 von der Unterhaltspflicht ganz befreit, wenn die Frau den Unterhalt aus dem Stamm ihres Vermögens bestreiten kann.

§ 68

Sind beide Ehegatten schuld an der Scheidung, trägt aber keiner die überwiegende Schuld, so kann dem Ehegatten, der sich nicht selbst unterhalten kann, ein Beitrag zu seinem Unterhalt zugebilligt werden, wenn und soweit dies mit Rücksicht auf die Bedürfnisse und die Vermögens- und Erwerbsverhältnisse des anderen Ehegatten und der nach § 71 unterhaltspflichtigen Verwandten des Bedürftigen der Billigkeit entspricht. Die Beitragspflicht kann zeitlich beschränkt werden. § 67 Abs. 1 Satz 2 findet entsprechende Anwendung.

b) Unterhaltspflicht bei Scheidung aus anderen Gründen

§ 69

(1) Ist die Ehe allein aus einem der in den §§ 50 bis 53 und 55 bezeichneten Gründe geschieden und enthält das Urteil einen Schuldausspruch, so finden die Vorschriften der §§ 66 und 67 entsprechende Anwendung.

(2) Enthält das Urteil keinen Schuldausspruch, so hat der Ehegatte, der die Scheidung verlangt hat, dem anderen Unterhalt zu gewähren, wenn und soweit dies mit Rücksicht auf die Bedürfnisse und die Vermögens- und Erwerbsverhältnisse der geschiedenen Ehegatten und der nach § 71 unterhaltspflichtigen Verwandten des Berechtigten der Billigkeit entspricht. § 67 Abs. 1 Satz 2 und Abs. 2 findet entsprechende Anwendung.

c) Art der Unterhaltsgewährung

§ 70

(1) Der Unterhalt ist durch Zahlung einer Geldrente zu gewähren. Die Rente ist monatlich im voraus zu entrichten. Der Verpflichtete hat Sicherheit zu leisten, wenn die Gefahr besteht, daß er sich einer Unterhaltspflicht zu entziehen sucht. Die Art der Sicherheitsleistung bestimmt sich nach den Umständen.

(2) Statt der Rente kann der Berechtigte eine Abfindung in Kapital verlangen, wenn ein wichtiger Grund vorliegt und der Verpflichtete dadurch nicht unbillig belastet wird.

(3) Der Verpflichtete schuldet den vollen Monatsbetrag auch dann, wenn der Berechtigte im Lauf des Monats stirbt.

§ 71

(1) Der unterhaltspflichtige geschiedene Ehegatte haftet vor den Verwandten des Berechtigten. Soweit jedoch der Verpflichtete bei Berücksichtigung seiner sonstigen Verpflichtungen den eigenen angemessenen Unterhalt gefährden würde, haften die Verwandten vor dem geschiedenen Ehegatten. Soweit einem geschie-

denen Ehegatten ein Unterhaltsanspruch gegen den anderen Ehegatten nicht zusteht, haben die Verwandten des Berechtigten nach den allgemeinen Vorschriften über die Unterhaltspflicht den Unterhalt zu gewähren.

(2) Die Verwandten haften auch, wenn die Rechtsverfolgung gegen den unterhaltspflichtigen Ehegatten im Inland ausgeschlossen oder erheblich erschwert ist. In diesem Falle geht der Anspruch gegen den Ehegatten auf den Verwandten über, der den Unterhalt gewährt hat. Der Übergang kann nicht zum Nachteil des Unterhaltsberechtigten geltend gemacht werden.

§ 72

Für die Vergangenheit kann der Berechtigte Erfüllung oder Schadenersatz wegen Nichterfüllung erst von der Zeit an fordern, in der der Unterhaltspflichtige in Verzug gekommen oder der Unterhaltsanspruch rechtshängig geworden ist, für eine länger als ein Jahr vor der Rechtshängigkeit liegende Zeit jedoch nur, soweit anzunehmen ist, daß der Verpflichtete sich der Leistung absichtlich entzogen hat.

d) Begrenzung und Wegfall des Unterhaltsanspruchs

§ 73

Selbstverschuldete Bedürftigkeit

(1) Ein Unterhaltsberechtigter, der infolge sittlichen Verschuldens bedürftig ist, kann nur den notdürftigen Unterhalt verlangen.

(2) Ein Mehrbedarf, der durch grobes Verschulden des Berechtigten herbeigeführt ist, begründet keinen Anspruch auf erhöhten Unterhalt.

§ 74

Verwirkung

Der Berechtigte verwirkt den Unterhaltsanspruch, wenn er sich nach der Scheidung einer schweren Verfehlung gegen den Verpflichteten schuldig macht oder gegen dessen Willen einen ehrlosen oder unsittlichen Lebenswandel führt.

§ 75

Wiederverheiratung des Berechtigten

Die Unterhaltspflicht erlischt mit der Wiederverheiratung des Berechtigten.

§ 76

Wiederverheiratung des Verpflichteten

Bei Wiederverheiratung des Verpflichteten finden die Vorschriften des § 1604 des Bürgerlichen Gesetzbuchs über den Einfluß des Güterstandes auf die Unterhaltspflicht entsprechende Anwendung.

§ 77

Tod des Berechtigten

(1) Der Unterhaltsanspruch erlischt mit dem Tode des Berechtigten. Nur soweit er auf Erfüllung oder Schadenersatz wegen Nichterfüllung für die Vergangenheit gerichtet ist oder sich auf Beiträge bezieht, die beim Tode des Berechtigten fällig sind, bleibt er auch nachher bestehen.

(2) Der Verpflichtete hat die Bestattungskosten zu tragen, soweit dies der Billigkeit entspricht und die Kosten nicht von den Erben zu erlangen sind.

§ 78

Tod des Verpflichteten

(1) Mit dem Tode des Verpflichteten geht die Unterhaltspflicht auf die Erben als Nachlaßverbindlichkeit über.

(2) Der Erbe haftet ohne die Beschränkungen des § 67. Der Berechtigte muß sich jedoch die Herabsetzung der Rente auf einen Betrag gefallen lassen, der bei Berücksichtigung der Verhältnisse des Erben und der Ertragsfähigkeit des Nachlasses der Billigkeit entspricht.

(3) Eine nach § 68 einem Ehegatten auferlegte Beitragspflicht erlischt mit dem Tode des Verpflichteten.

e) Beitrag zum Unterhalt der Kinder

§ 79

(1) Hat ein geschiedener Ehegatte einem gemeinschaftlichen Kinde Unterhalt zu gewähren, so hat ihm der andere aus den Ein-

künften seines Vermögens und den Erträgnissen seiner Erwerbstätigkeit einen angemessenen Beitrag zu den Unterhaltskosten zu leisten, soweit diese nicht durch die Nutznießung am Kindesvermögen gedeckt werden. Der Anspruch ist nicht übertragbar.

(2) Steht dem beitragspflichtigen Ehegatten die Sorge für die Person des Kindes zu, so kann er den Beitrag zur eigenen Verwendung für den Unterhalt des Kindes zurückbehalten.

f) Unterhaltsverträge

§ 80

Die Ehegatten können über die Unterhaltspflicht für die Zeit nach der Scheidung der Ehe Vereinbarungen treffen. Ist eine Vereinbarung dieser Art vor Rechtskraft des Scheidungsurteils getroffen worden, so ist sie nicht schon deshalb nichtig, weil sie die Scheidung erleichtert oder ermöglicht hat; sie ist jedoch nichtig, wenn die Ehegatten im Zusammenhang mit der Vereinbarung einen nicht oder nicht mehr bestehenden Scheidungsgrund geltend gemacht hatten oder wenn sich anderweitig aus dem Inhalt der Vereinbarung oder aus sonstigen Umständen des Falles ergibt, daß sie den guten Sitten widerspricht.

III. Verhältnis zu den Kindern

§ 81

Sorge für die Person des Kindes

(1) Ist die Ehe geschieden, so bestimmt das Vormundschaftsgericht, welchem Ehegatten die Sorge für die Person eines gemeinschaftlichen Kindes zustehen soll. Maßgebend ist, was nach Lage der Verhältnisse dem Wohl des Kindes am besten entspricht.

(2) Sind mehrere gemeinschaftliche Kinder vorhanden, so soll die Sorge für die Person aller Kinder dem gleichen Elternteil übertragen werden, sofern nicht eine abweichende Regelung aus besonderen Gründen geboten und mit dem Wohl des Kindes vereinbar ist.

(3) Einem Ehegatten, der allein oder überwiegend für schuldig erklärt ist, soll die Sorge nur übertragen werden, wenn dies aus besonderen Gründen dem Wohl des Kindes dient.

(4) Das Vormundschaftsgericht kann die Sorge einem Pfleger übertragen, wenn dies aus besonderen Gründen zum Wohl des Kindes erforderlich ist.

(5) Das Vormundschaftsgericht kann die Anordnung jederzeit ändern, wenn das Wohl des Kindes es erfordert.

(6) Vor der Entscheidung sind die geschiedenen Ehegatten zu hören. Die Anhörung kann unterbleiben, wenn sie untunlich ist.

§ 82

Persönlicher Verkehr mit den Kindern

(1) Der Ehegatte, dem die Sorge für die Person eines gemeinschaftlichen Kindes nicht zusteht, behält die Befugnis, mit ihm persönlich zu verkehren.

(2) Das Vormundschaftsgericht kann den Verkehr näher regeln. Es kann ihn für eine bestimmte Zeit oder dauernd ausschließen, wenn dies aus besonderen Gründen dem Wohl des Kindes dient.

F. Recht zum Getrenntleben nach Verlust des Scheidungsrechts

§ 83

Im § 1353 des Bürgerlichen Gesetzbuchs wird dem Abs. 2 folgender Satz angefügt:

„Wer sein Scheidungsrecht durch Verzeihung oder durch Fristablauf verloren hat, kann allein aus der Tatsache, die das Scheidungsrecht begründet hat, ein Recht, die Herstellung der ehelichen Gemeinschaft zu verweigern, nicht herleiten."

Dritter Abschnitt

Übergangsvorschriften

§ 84

Die §§ 1303 bis 1352, 1564 bis 1587, 1608 Abs. 2 und die §§ 1635 bis 1637, 1699 bis 1704, 1771 Abs. 2 Satz 2 des Bürgerlichen Gesetzbuchs, Artikel II §§ 1 und 2 des Gesetzes gegen Mißbräuche bei der Eheschließung und der Annahme an Kindes

Staat vom 23. November 1933 (Reichsgesetzbl. I S. 979) und Artikel 1 des Gesetzes über die Änderung und Ergänzung familienrechtlicher Vorschriften und über die Rechtsstellung der Staatenlosen vom 12. April 1938 (Reichsgesetzbl. I S. 380) treten außer Kraft, soweit sich nicht aus den folgenden Vorschriften etwas anderes ergibt.

§ 85

Die Voraussetzungen für die Eingehung einer Ehe bestimmen sich für eine Ehe, die nach Inkrafttreten dieses Gesetzes geschlossen wird, nach den bisherigen Vorschriften, wenn das Aufgebot vor Inkrafttreten dieses Gesetzes angeordnet war.

§ 86

(1) Ob eine vor Inkrafttreten dieses Gesetzes geschlossene Ehe nichtig ist, bestimmt sich nach den bisherigen Vorschriften. Soweit nach den Vorschriften dieses Gesetzes abweichend von den bisherigen Vorschriften die Nichtigkeit einer dem Verbot der Schwägerschaft zuwider geschlossenen Ehe durch nachträgliche Befreiung von dem Eheverbot geheilt werden kann, gilt dies auch für eine Ehe, die vor Inkrafttreten dieses Gesetzes geschlossen ist.

(2) Eine Ehe, die vor Inkrafttreten dieses Gesetzes ausschließlich oder vorwiegend zu dem Zweck geschlossen ist, der Frau den Erwerb der Staatsangehörigkeit des Mannes zu ermöglichen, kann nach den Vorschriften dieses Gesetzes für nichtig erklärt werden, wenn die Ehe nach dem 8. November 1918 geschlossen ist. Die Nichtigkeitsklage und die Klage auf Feststellung der Unehelichkeit eines Kindes aus einer solchen Ehe können nur binnen sechs Monaten nach Inkrafttreten dieses Gesetzes erhoben werden.

§ 87

(1) Die Berufung auf die Nichtigkeit einer vor Inkrafttreten dieses Gesetzes geschlossenen Ehe ist nur nach den Vorschriften dieses Gesetzes zulässig. Die bisherigen Vorschriften bleiben jedoch maßgebend, wenn die Ehe unter Verletzung der gesetzlich vorgeschriebenen Form geschlossen und nicht in das Heiratsregister eingetragen war.

(2) War vor Inkrafttreten dieses Gesetzes die Nichtigkeit einer Ehe, die bereits durch Tod oder Scheidung aufgelöst war, geltend gemacht, so finden auf ein hierüber anhängiges Verfahren die bisherigen Vorschriften Anwendung.

§ 88

(1) Ist eine Ehe vor Inkrafttreten dieses Gesetzes auf Grund einer Nichtigkeitsklage rechtskräftig für nichtig erklärt worden und war die Nichtigkeit der Ehe bei der Eheschließung einem Ehegatten bekannt, dem anderen aber nicht bekannt, so finden auf das Verhältnis der Ehegatten in vermögensrechtlicher Beziehung die Vorschriften dieses Gesetzes mit der Maßgabe Anwendung, daß die im § 31 Abs. 2 bestimmte Frist mit dem Inkrafttreten dieses Gesetzes beginnt.

(2) Die Vorschrift des Abs. 1 findet keine Anwendung, wenn es zur Zeit des Inkrafttretens dieses Gesetzes für das Verhältnis der Ehegatten in vermögensrechtlicher Beziehung bereits bei den Folgen der Nichtigkeit sein Bewenden hatte.

§ 89

(1) Ob ein Kind aus einer vor Inkrafttreten dieses Gesetzes rechtskräftig für nichtig erklärten Ehe unehelich ist oder als ehelich gilt, richtet sich nach den bisherigen Vorschriften.

(2) War zur Zeit des Inkrafttretens dieses Gesetzes die Unehelichkeit eines Kindes aus einer nichtigen Ehe geltend gemacht, nachdem die Ehe durch Tod oder Scheidung aufgelöst worden war, so finden auf ein hierüber anhängiges Verfahren die bisherigen Vorschriften Anwendung. Im übrigen ist nach Inkrafttreten dieses Gesetzes die Berufung auf die Unehelichkeit eines Kindes aus einer nichtigen Ehe nur nach den Bestimmungen dieses Gesetzes zulässig.

§ 90

(1) Die Vorschriften dieses Gesetzes über die Aufhebung der Ehe finden auch Anwendung, wenn die Ehe vor Inkrafttreten dieses Gesetzes geschlossen war.

(2) Ist zur Zeit des Inkrafttretens dieses Gesetzes eine An-

fechtungsklage anhängig, so kann der Kläger statt der Nichtigerklärung der Ehe nur ihre Aufhebung beantragen; die Nichtigkeit der Ehe kann nicht mehr ausgesprochen werden.

(3) Die Vorschrift des Abs. 2 findet auch Anwendung, wenn die Anfechtungsklage auf Grund der bisherigen Vorschriften über die Wiederverheiratung im Falle der Todeserklärung von dem Ehegatten der neuen Ehe erhoben worden ist, der nach den Vorschriften dieses Gesetzes zur Erhebung der Aufhebungsklage nicht berechtigt ist.

§ 91

(1) Ist die Frist, die nach den bisherigen Vorschriften für die Anfechtung der Ehe maßgebend war, früher als sechs Monate vor Inkrafttreten dieses Gesetzes abgelaufen, so kann eine Aufhebungsklage nicht mehr erhoben werden.

(2) Ist die Frist für die Anfechtung der Ehe innerhalb der letzten sechs Monate vor Inkrafttreten dieses Gesetzes abgelaufen, so endet die Frist für die Erhebung der Aufhebungsklage sechs Monate nach Inkrafttreten dieses Gesetzes. Dabei steht der Erhebung der Klage auch nicht die Rechtskraft eines Urteils entgegen, durch welches die Anfechtungsklage wegen Fristversäumnis abgewiesen worden ist.

§ 92

(1) Ist eine Ehe vor Inkrafttreten dieses Gesetzes auf Grund einer Anfechtungsklage für nichtig erklärt worden, so bestimmt sich das Verhältnis der Ehegatten in vermögensrechtlicher Beziehung für die Zukunft nach den in diesem Gesetz über die Folgen der Aufhebung getroffenen Vorschriften, es sei denn, daß es zur Zeit des Inkrafttretens dieses Gesetzes bereits bei den Folgen der Nichtigkeit sein Bewenden hatte.

(2) Die Vorschrift des Abs. 1 findet auch dann Anwendung, wenn das Urteil, durch das die Ehe für nichtig erklärt worden ist, erst nach Inkrafttreten dieses Gesetzes rechtskräftig wird, sofern die letzte mündliche Verhandlung vor Inkrafttreten dieses Gesetzes stattgefunden hat.

(3) Ist eine Ehe nach den bisherigen Vorschriften über die Wiederverheiratung im Falle der Todeserklärung auf Grund der Anfechtungsklage eines Ehegatten für nichtig erklärt worden, so bestimmen sich die Folgen der Nichtigkeit nach den bisherigen Vorschriften.

§ 93

(1) In Ehesachen ist dieses Gesetz in der Revisionsinstanz auch dann anzuwenden, wenn die letzte mündliche Verhandlung vor dem Oberlandesgericht vor Inkrafttreten dieses Gesetzes stattgefunden hat. In diesem Falle können noch in der Revisionsinstanz solche neue Tatsachen vorgebracht werden, die erst durch dieses Gesetz erheblich geworden sind. Unter derselben Voraussetzung können die Parteien noch in der Revisionsinstanz von der Klage auf Anfechtung oder auf Herstellung der Ehe zur Aufhebungsklage oder Scheidungsklage übergehen oder Widerklage auf Scheidung erheben.

(2) Hat eine Partei auf Grund dieser Vorschriften ihr Vorbringen in der Revisionsinstanz geändert oder ergänzt, so hat das Reichsgericht in der Sache selbst zu entscheiden, wenn das ohne Beweisaufnahme möglich ist. Anderenfalls hat es das angefochtene Urteil aufzuheben und die Sache zur anderweiten Verhandlung und Entscheidung an das Berufungsgericht zurückzuverweisen. § 565 Abs. 1 und 2 der Zivilprozeßordnung gilt entsprechend.

§ 94

Ein Urteil in einer Ehesache, das auf Grund der bisherigen Vorschriften ergangen ist, steht der Berufung auf solche Tatsachen nicht entgegen, die erst durch dieses Gesetz erheblich geworden sind. Es kann jedoch die Aufhebung der Ehe nicht auf Grund von Tatsachen verlangt werden, auf die gemäß § 616 der Zivilprozeßordnung die Anfechtung der Ehe nicht mehr hätte gestützt werden können.

§ 95

War die Scheidung einer Ehe nach deu bisherigen Vorschriften nicht möglich und ist die Erhebung einer Scheidungsklage nach den Vorschriften dieses Gesetzes an die Einhaltung bestimmter Fristen geknüpft, so laufen diese frühestens sechs Monate nach

Inkrafttreten dieses Gesetzes ab. Eine auf § 53 gestützte Scheidungsklage kann, wenn die Ehe beim Inkrafttreten dieses Gesetzes bereits länger als zehn Jahre bestanden hat, noch innerhalb eines Jahres nach Inkrafttreten erhoben werden.

§ 96

Ist eine Ehe vor Inkrafttreten dieses Gesetzes geschieden worden, so bestimmt sich die gesetzliche Unterhaltspflicht der Ehegatten für die Zukunft nach den Vorschriften dieses Gesetzes. Dies gilt nicht, wenn beide Ehegatten für schuldig erklärt worden sind.

§ 97

Ist eine Ehe vor Inkrafttreten dieses Gesetzes geschieden oder für nichtig erklärt worden, so bestimmt sich die Sorge für die Person der gemeinschaftlichen Kinder nach den bisherigen Vorschriften. Das Vormundschaftsgericht kann jedoch jederzeit eine abweichende Regelung im Sinne der §§ 81 und 82 dieses Gesetzes treffen, wenn es das Wohl des Kindes erfordert.

§ 98

(1) War nach den bisherigen Vorschriften auf Aufhebung der ehelichen Gemeinschaft erkannt, so kann jeder der Ehegatten auf Grund des Urteils durch Klage die Scheidung beantragen, es sei denn, daß nach Erlaß des Urteils die eheliche Gemeinschaft wiederhergestellt worden ist.

(2) Die Vorschriften der §§ 56, 57, 59 bis 61 finden keine Anwendung; wird die Ehe geschieden, so ist der für schuldig erklärte Ehegatte auch im Scheidungsurteil für schuldig zu erklären. Auf die Rechtsfolgen der Scheidung finden die §§ 96 und 97 Anwendung.

Vierter Abschnitt

Sondervorschriften für das Land Österreich

A. Standesbeamte

§ 99

(1) Standesbeamte im Sinne dieses Gesetzes sind im Lande Österreich außerhalb des Burgenlandes der Bezirkshauptmann

oder der mit seiner Vertretung in diesen Angelegenheiten Beauftragte, in Wien und in den landesunmittelbaren Städten der Bürgermeister oder der mit seiner Vertretung in diesen Angelegenheiten Beauftragte. Sie wenden, soweit dieses Gesetz nichts anderes vorschreibt, sinngemäß die österreichischen Gesetze RGBl. Nr. 47/1868 und RGBl. Nr. 51/1870 und die dazu erlassenen Vorschriften an.

(2) Im Burgenland sind Staatsbeamte im Sinne dieses Gesetzes die staatlichen Matrikelführer. Sie wenden, soweit dieses Gesetz nicht anderes vorschreibt, sinngemäß die im Burgenland bestehenden Vorschriften an.

§ 100

(1) Wer die religiösen Feierlichkeiten einer Eheschließung vornimmt, bevor die Ehe vor den staatlichen Trauungsorganen geschlossen ist, wird wegen Vergehens an Geld bis zu zehntausend Reichsmark oder mit strengem Arrest bis zu fünf Jahren bestraft.

(2) Eine Bestrafung tritt nicht ein, wenn einer der Verlobten lebensgefährlich erkrankt und ein Aufschub nicht möglich ist.

B. Ergänzungsvorschriften

§ 101

Die Vorschriften der §§ 102 bis 107 verlieren ihre Wirksamkeit, sobald ihr Grund durch das Fortschreiten der Rechtsvereinheitlichung wegfällt.

§ 102

(1) Unter Geschäftsunfähigen sind Kinder, die nicht das siebente Lebensjahr vollendet haben, ferner Personen, die wegen Geisteskrankheit oder aus einem anderen Grunde des Gebrauches der Vernunft beraubt sind, solange dieser Zustand dauert, und Vollentmündigte zu verstehen.

(2) Unter beschränkt Geschäftsfähigen sind Minderjährige, ferner Personen, die unter verlängerter väterlicher Gewalt oder Vormundschaft stehen, beschränkt Entmündigte sowie Personen, für die ein vorläufiger Beistand bestellt ist, zu verstehen.

§ 103.

Bei Anwendung des § 3 gilt als sorgeberechtigt beim ehelichen Kinde der eheliche Vater und die eheliche Mutter, solange ihnen die Sorge nicht durch das Vormundschaftsgericht entzogen ist, beim unehelichen Kinde die Mutter, solange ihr die Sorge nicht durch das Vormundschaftsgericht entzogen ist, der Vater, wenn er die Sorge tatsächlich ausübt.

§ 104

§ 43 Abs. 2 Satz 2 gilt für den Fall, daß die Todeserklärung durch gerichtlichen Beschluß aufgehoben oder berichtigt wird.

§ 105

Als Vormundschaftsgericht schreitet im Falle des § 65 das Bezirksgericht ein, in dessen Sprengel die Frau ihren allgemeinen Gerichtsstand in Streitsachen hat.

§ 106

Soweit sich die Vorschriften dieses Gesetzes auf das Gesetz zum Schutze der Erbgesundheit des deutschen Volkes (Ehegesundheitsgesetz) beziehen (§§ 5, 20 und 28), sind sie nicht anzuwenden.

§ 107

Die Vorschriften der §§ 12, 45, 53 Abs. 3 Satz 2 und der §§ 76, 79, 81 bis 98 sind nicht anzuwenden.

C. Verfahrensvorschriften

§ 108

Für das Verfahren in Ehesachen sind die bisher geltenden Vorschriften sinngemäß anzuwenden, insbesondere das Hofdekret JGS. Nr. 1595/1819 und die Verordnung, betreffend das Verfahren in streitigen Eheangelegenheiten, RGBl. Nr. 283/1897. Die besonderen Verfahrensvorschriften für das Burgenland und die mit der kirchlichen Ehegerichtsbarkeit zusammenhängenden Verfahrensvorschriften entfallen.

D. Übergangsbestimmungen

I. Trennung der Ehe dem Bande nach

§ 109

Die Trennung der Ehe dem Bande nach gemäß den bisherigen Gesetzen gilt als Scheidung der Ehe nach den Vorschriften dieses Gesetzes. Der Trennung der Ehe dem Bande nach steht die richterliche Lösung einer Ehe nach dem bisherigen burgenländischen Eherecht und die vollstreckbar erklärte kirchliche Verfügung über die Nachsicht von einer nicht vollzogenen Ehe gleich.

§ 110

Ein Urteil, das auf Grund des bisherigen Rechts ergangen ist, steht in einem Scheidungsverfahren nach diesem Gesetz der Geltendmachung solcher Tatsachen nicht entgegen, die nach früherem Recht eine Trennung der Ehe dem Bande nach nicht rechtfertigten.

§ 111

(1) Für die Leistung des Unterhalts getrennter Ehegatten gelten, wenn darüber nichts vereinbart worden ist, für die Zukunft die Vorschriften dieses Gesetzes über den Unterhalt geschiedener Ehegatten. Dabei ist der im Trennungsurteil enthaltene Schuldausspruch zugrunde zu legen. Die bezeichneten Vorschriften gelten nicht, wenn beide Ehegatten für schuldig erklärt sind. Sind beide Ehegatten für schuldlos erklärt und wurde das Trennungsverfahren auf Antrag beider Ehegatten eingeleitet, so hat ein Ehegatte dem anderen Unterhalt zu gewähren, wenn und soweit dies mit Rücksicht auf die Bedürfnisse und die Vermögens- und Erwerbsverhältnisse der geschiedenen Ehegatten und der nach § 71 unterhaltspflichtigen Verwandten der Billigkeit entspricht. § 67 Abs. 1 Satz 2 und Abs. 2 ist entsprechend anzuwenden. Ein vor Inkrafttreten dieses Gesetzes ergangenes Urteil steht einer neuen Regelung des Unterhalts nicht entgegen.

(2) Die Vorschriften des Abs. 1 gelten auch für vollstreckbar erklärte kirchliche Verfügungen über die Nachsicht von einer nicht vollzogenen Ehe. Ist eine Entscheidung über das Verschulden noch

nicht gefällt worden, so steht sie den Gerichten zu, die über vermögensrechtliche Ansprüche zu entscheiden haben.

§ 112

(1) Für anhängige Verfahren wegen Trennung einer Ehe dem Bande nach gelten die Vorschriften dieses Gesetzes. Ein neuer Scheidungsgrund im Sinne dieses Gesetzes kann auch noch im Rechtsmittelverfahren geltend gemacht und ein einverständlicher Antrag in eine Klage umgeändert werden.

(2) Anhängige Anträge auf einverständliche Trennung von Judenehen sind abzuweisen.

(3) Eine kirchliche Verfügung über die Nachsicht von einer nicht vollzogenen Ehe kann nicht mehr vollstreckbar erklärt werden.

§ 113

Die Fristen des § 57 enden frühestens sechs Monate, die Fristen des § 58 frühestens ein Jahr nach Inkrafttreten dieses Gesetzes.

II. Scheidung der Ehe von Tisch und Bett

§ 114

Die Wirkung der Scheidung einer Ehe von Tisch und Bett wird durch das Inkrafttreten dieses Gesetzes nicht berührt. Der Scheidung der Ehe von Tisch und Bett steht die Trennung der Ehe von Tisch und Bett nach dem bisherigen burgenländischen Eherecht gleich.

§ 115

(1) Jeder Ehegatte einer von Tisch und Bett geschiedenen Ehe kann den Antrag stellen, daß die Scheidung der Ehe im Sinne dieses Gesetzes ausgesprochen werde. Zuständig ist das Bezirksgericht, in dessen Sprengel einer der Ehegatten seinen allgemeinen Gerichtsstand in Streitsachen im Lande Österreich hat, wenn es an einem solchen fehlt, das Bezirksgericht Innere Stadt in Wien. Eine Klage auf Scheidung der Ehe nach den Vorschriften dieses Gesetzes ist ausgeschlossen.

(2) Über den Antrag ist nach den Vorschriften des Ver-

fahrens außer Streitsachen zu verhandeln und zu entscheiden. Dem Antrag ist stattzugeben, wenn feststeht, daß die Ehegatten sich nicht wieder vereinigt haben. Eine Prüfung des Verschuldens findet nicht statt. Der stattgebende Beschluß steht einem Scheidungsurteil im Sinne dieses Gesetzes gleich. Eine Ausfertigung des Beschlusses ist dem Amte des Reichsstatthalters in Österreich zu übermitteln. Dieses veranlaßt die Anmerkung im Eheregister (Trauungsmatrik).

(3) In Ansehung der Vermögensverhältnisse bleibt es bei der anläßlich der Scheidung von Tisch und Bett getroffenen Regelung. Jedoch gelten für die Leistung des Unterhalts der nicht einverständlich von Tisch und Bett geschiedenen Ehegatten, wenn darüber nichts vereinbart worden ist, für die Zukunft die Vorschriften dieses Gesetzes. Dabei ist der im Scheidungsurteil enthaltene Schuldausspruch zugrunde zu legen. Ein vor Inkrafttreten dieses Gesetzes ergangenes Urteil steht einer neuen Regelung des Unterhalts nicht entgegen.

(4) Der nicht aus seinem Verschulden von Tisch und Bett geschiedene Ehegatte behält das gesetzliche Erbrecht. Dem Ehegatten aus einer späteren Ehe steht es nur zu, wenn ein Ehegatte aus der früheren Ehe nicht vorhanden oder wenn er nicht erbberechtigt ist.

(5) An einem kraft Gesetzes, Satzung oder Vertrags einem Ehegatten zustehenden Anspruch (Anwartschaft) auf einen Versorgungsgenuß wird nichts geändert. Ein Verzicht auf den Versorgungsgenuß ist wirksam, wenn er dem eigenen Ehegatten oder dessen Ehegatten aus der späteren Ehe oder der Stelle gegenüber erklärt worden ist, die zur Anweisung der Dienst- und Ruhebezüge des eigenen Ehegatten berufen ist; einer ausdrücklichen Annahme des Verzichts bedarf es nicht.

§ 116

Die Feststellung eines Ehebruchs in einem Urteil auf Scheidung der Ehe von Tisch und Bett hat die gleiche Wirkung wie nach § 9 die Feststellung eines Ehebruchs in einem Scheidungsurteil.

§ 117

(1) Anhängige Verfahren wegen nicht einverständlicher Scheidung der Ehe von Tisch und Bett sind als Verfahren wegen Scheidung der Ehe nach den Vorschriften dieses Gesetzes fortzusetzen, wenn das Begehren danach geändert wird. Ein neuer Scheidungsgrund im Sinne dieses Gesetzes kann noch geltend gemacht werden. Beides ist auch noch im Rechtsmittelverfahren zulässig. Andernfalls ist die Klage abzuweisen.

(2) Anhängige Anträge auf einverständliche Scheidung einer Ehe von Tisch und Bett sind abzuweisen.

III. Ungültigerklärung der Ehe

§ 118

(1) Die Gültigkeit einer vor Inkrafttreten dieses Gesetzes geschlossenen Ehe bestimmt sich nach den bisherigen Gesetzen. Für die vor dem 1. Mai 1934 vor einem Priester der katholischen Kirche geschlossenen Ehen gelten ausschließlich die Vorschriften, die vor diesem Tage in Kraft standen. Sie sind auch maßgebend, wenn die Ehegatten einer vor dem staatlichen Trauungsorgan abgeschlossenen Ehe ihre Eheerklärung nach dem 30. April 1934 vor einem katholischen Priester erneuert haben.

(2) Ist der Ungültigkeitsgrund einem der Gründe gleichartig, die nach diesem Gesetz die Aufhebung der Ehe rechtfertigen, so finden jedoch die Bestimmungen dieses Gesetzes über die Aufhebung der Ehe Anwendung. Die Frist für die Klage auf Aufhebung endet frühestens ein Jahr nach Inkrafttreten dieses Gesetzes.

(3) Eine nach den bisherigen Gesetzen ungültige Ehe ist als von Anfang an gültig anzusehen, wenn die Ehegatten am 1. April 1938 noch als Ehegatten miteinander gelebt haben und der Grund, auf dem die Ungültigkeit beruht, nach den Vorschriften dieses Gesetzes weder zur Nichtigerklärung noch zur Aufhebung der Ehe führen könnte.

§ 119

Wurde vor Inkrafttreten dieses Gesetzes eine Ehe für ungültig erklärt, wurden ihr die bürgerlichen Rechtswirkungen aberkannt oder wurde eine kirchliche Ungültigkeitsentscheidung für vollstreckbar erklärt, so gilt dies als Nichtigerklärung im Sinne dieses Gesetzes. § 31 ist nicht anzuwenden.

§ 120

(1) Ein anhängiges Ungültigkeitsverfahren (Verfahren zur Aberkennung der bürgerlichen Rechtswirkungen) ist als Verfahren zur Nichtigerklärung oder zur Aufhebung der Ehe nur fortzusetzen, wenn ein am Verfahren bereits Beteiligter, der nach den Vorschriften dieses Gesetzes zur Einleitung eines solchen Verfahrens befugt wäre, dies begehrt. Andernfalls ist das Verfahren einzustellen.

(2) Eine kirchliche Ungültigkeitsentscheidung kann nicht mehr vollstreckbar erklärt werden.

IV. Besondere Bestimmungen über die mit Nachsicht vom Ehehindernis des Ehebandes geschlossenen Ehen

§ 121

(1) Eine mit Nachsicht vom Ehehindernis des Ehebandes geschlossene und nicht bereits rechtskräftig für ungültig erklärte Ehe gilt als eine von Anfang an gültige Ehe, es sei denn, daß auf Grund eines vor dem 1. Jänner 1939 gestellten Antrags gerichtlich festgestellt wird, daß die Ehegatten am 1. April 1938 nicht mehr als Ehegatten miteinander gelebt haben. In diesem Falle ist die Ehe für nichtig zu erklären. Ist ein Ehegatte vor dem 1. April 1938 gestorben, so tritt an die Stelle dieses Tages der Todestag des Ehegatten. Der Nichtigerklärung steht nicht entgegen, daß die Ehe vor Inkrafttreten dieses Gesetzes von den Gerichten etwa für gültig erklärt worden sein sollte.

(2) Der Antrag kann von jedem der beiden Ehegatten und von dem Ehegatten der früheren Ehe gestellt werden. Zuständig ist das Bezirksgericht, in dessen Sprengel der letzte gemeinsame Wohnsitz der Ehegatten der späteren Ehe im Lande Österreich gelegen ist, wenn es an einem solchen fehlt, das Bezirksgericht Innere Stadt in Wien. Das Gericht hat nach den Vorschriften des Verfahrens außer Streitsachen zu verhandeln und zu entscheiden.

(3) Anhängige Verfahren zur Untersuchung der Gültigkeit einer mit Nachsicht vom Ehehindernis des Ehebandes geschlossenen Ehe wegen dieses Ehehindernisses sind einzustellen.

§ 122

(1) Wird in der Frist des § 121 ein Antrag nicht gestellt oder wird er rechtskräftig abgewiesen, so gilt die frühere Ehe, von deren Bande Nachsicht erteilt wurde, mit der Eingehung der späteren Ehe als im Sinne dieses Gesetzes geschieden.

(2) Ist die frühere Ehe, von deren Bande Nachsicht erteilt worden ist, von Tisch und Bett geschieden, so finden die Vorschriften des § 115 Abs. 3 bis 5 Anwendung. Diese Vorschriften sind sinngemäß in den Fällen anzuwenden, in denen die frühere Ehe, von deren Bande Nachsicht erteilt wurde, nicht von Tisch und Bett geschieden war. Für die Leistung des Unterhalts gelten in diesen Fällen, soweit darüber nichts vereinbart worden ist, für die Zukunft die Vorschriften dieses Gesetzes. Die Entscheidung steht den Gerichten zu, die über vermögensrechtliche Ansprüche zu entscheiden haben, wobei für die Frage des Verschuldens maßgebend ist, welcher der Ehegatten einen Tatbestand gesetzt hat, der als Scheidungsgrund in Betracht käme. Wird die Schuldlosigkeit beider Ehegatten festgestellt, so gilt § 111 Abs. 1 Satz 4 und 5 sinngemäß.

§ 123

(1) Beschlüsse auf Grund von Anträgen nach § 121 sind den antragsberechtigten Personen zuzustellen.

(2) Eine Ausfertigung der rechtskräftigen Beschlüsse ist dem Amte des Reichsstatthalters in Österreich mitzuteilen. Dieses veranlaßt, daß, wenn dem Antrag stattgegeben wurde, im Eheregister (Trauungsmatrik) die Nichtigerklärung der mit Nachsicht vom Ehehindernis des Ehebandes geschlossenen Ehe, wenn aber der Antrag abgewiesen wurde, die Scheidung der früheren Ehe im Sinne dieses Gesetzes angemerkt wird.

§ 124

(1) Beim Bezirksgericht Innere Stadt in Wien wird eine Sammelstelle für die nach § 121 gestellten Anträge und für die

auf Grund dieser Anträge ergangenen Beschlüsse errichtet. Der Sammelstelle ist von jedem Antrag eine Abschrift und von jedem rechtskräftigen Beschluß über einen solchen Antrag eine Ausfertigung zu übermitteln.

(2) Das Nähere über die Einrichtung der Sammelstelle regelt der Präsident des Oberlandesgerichts Wien.

(3) In die Sammlung kann jedermann Einsicht nehmen. Auf Antrag ist vom Bezirksgericht Innere Stadt in Wien eine schriftliche Bestätigung darüber auszustellen, daß vor dem 1. Jänner 1939 ein Antrag nicht eingelangt ist, oder daß ein Antrag eingelangt ist und welcher rechtskräftige Beschluß darüber ergangen ist.

§ 125

(1) Wurde vor dem 1. Jänner 1939 in einem Falle des § 121 ein Antrag nicht gestellt, so hat der Ehegatte, der die spätere Ehe mit Nachsicht vom Ehehindernis des Ehebandes geschlossen hat, und wenn er nicht mehr am Leben ist, sein Ehegatte aus der späteren Ehe die Pflicht, ohne Verzug beim Bezirksgericht Innere Stadt in Wien den Antrag zu stellen, die Anmerkung der Scheidung der früheren Ehe gemäß diesem Gesetz im Eheregister (Trauungsmatrik) zu veranlassen. Liegen die Voraussetzungen für diese Eintragung vor, so hat das Bezirksgericht Innere Stadt in Wien den Antrag mit einem dies bestätigenden Vermerk dem Amte des Reichsstatthalters zur weiteren Verfügung zu übermitteln. Zur Antragstellung berechtigt ist auch der Ehegatte aus der früheren Ehe. Dem Antrag sind Trauungsscheine über beide Ehen und der Bescheid über die Nachsicht vom Bande der früheren Ehe anzuschließen oder doch darin genaue Angaben über die Eheschließungen und die Nachsichterteilung zu machen.

(2) Ein Ehegatte, der schuldhaft der ihm nach Abs. 1 obliegenden Verpflichtung nicht nachkommt, begeht eine Übertretung und wird vom Gerichte an Geld bis zu einhundertfünfzig Reichsmark oder mit Arrest bis zu sechs Wochen bestraft.

§ 126

Eingaben, Protokolle und Beilagen gemäß den §§ 124 und 125 sind gebührenfrei.

§ 127

Ist eine Ehe, die mit Nachsicht vom Ehehindernis des Ehebandes geschlossen worden ist, wegen dieses Hindernisses für nichtig erklärt worden, so sind die Ehegatten, wenn darüber nichts vereinbart worden ist, unter denselben Voraussetzungen zum Unterhalt verpflichtet, wie wenn die Ehe gültig geschlossen und geschieden worden wäre. Für die Zeit vor Inkrafttreten dieses Gesetzes kann auf Grund dieser Vorschrift ein Unterhalt nicht begehrt werden. Das Gericht, das über die vermögensrechtlichen Ansprüche zu entscheiden hat, hat festzustellen, ob sich ein Ehegatte während der Dauer der Ehe eines Verhaltens schuldig gemacht hat, das als Scheidungsgrund anzusehen wäre, wenn die Ehe gültig wäre. § 111 Abs. 1 Satz 4 und 5 gilt sinngemäß.

V. Aufhebung bisheriger Vorschriften

§ 128

Vorschriften des österreichischen Rechts, die Gegenstände betreffen, die in diesem Gesetz geregelt sind, verlieren mit dem Inkrafttreten dieses Gesetzes ihre Wirksamkeit.

Fünfter Abschnitt

Schlußbestimmungen

§ 129

Dieses Gesetz tritt am 1. August 1938 in Kraft. Die Vorschriften des § 112 Abs. 2 und 3, des § 117 Abs. 2, des § 120 Abs. 2 und des § 121 Abs. 3 treten mit dem auf die Verkündung folgenden Tage in Kraft.

§ 130

(1) Wo auf Vorschriften verwiesen wird, die durch dieses Gesetz oder die auf Grund dieses Gesetzes ergangenen Bestimmungen aufgehoben oder geändert werden, erhält die Verweisung ihren Inhalt aus den entsprechenden neuen Vorschriften.

(2) Einer Verweisung steht es gleich, wenn die Anwendbarkeit der im Abs. 1 bezeichneten Vorschriften stillschweigend vorausgesetzt wird.

§ 131

Der Reichsminister der Justiz wird ermächtigt, die Vorschriften des Bürgerlichen Gesetzbuchs und anderer Gesetze, soweit erforderlich, zu ändern und zu ergänzen, um sie mit den Bestimmungen dieses Gesetzes in Einklang zu bringen, sowie Vorschriften zur Durchführung und Ergänzung dieses Gesetzes zu erlassen.

Berchtesgaden, den 6. Juli 1938.

Der Führer und Reichskanzler
Adolf Hitler
Der Reichsminister der Justiz
Dr. Gürtner.

Auszug aus der Ersten Verordnung zur Durchführung des Ehegesetzes

Vom 27. Juli 1938 (RGBl. I S. 923)*)

§ 2. Richtlinien

Die Befreiung vom Erfordernis der Ehemündigkeit ist dem Mann zu versagen, wenn er seiner Arbeitsdienst- oder Wehrpflicht noch nicht genügt hat und die zuständige Dienststelle des Reichsarbeitsdienstes oder der Wehrmacht aus diesem Grunde gegen die beabsichtigte Eheschließung Bedenken erhebt.

§ 4 Abs. 1 und 2. Richtlinien

Bei der Entscheidung über die Befreiung vom Eheverbot wegen Schwägerschaft sind die gesamten Umstände des Falles zu berücksichtigen. Für jeden Beteiligten sind ein polizeiliches Führungszeugnis, ein ärztliches Gesundheitszeugnis, seine Geburtsurkunde und die Heiratsurkunde seiner Eltern beizubringen; sind die Staatsangehörigkeitsverhältnisse eines Beteiligten zweifelhaft, so kann die Beibringung eines Staatsangehörigkeitsausweises verlangt werden.

*) Die 2. VO. zur Durchf. d. Ehegeś. v. 28. September 1938 (RGBl. I S. 1323) bringt kostenrechtliche und prozessuale Vorschriften.

Die Befreiung ist in der Regel erst zu erteilen, wenn seit Auflösung oder Nichtigerklärung der Ehe, auf der die Schwägerschaft beruht, ein Jahr verstrichen ist. Sie soll versagt werden, wenn der Mann erheblich jünger ist als die Frau oder wenn die beabsichtigte Ehe aus gesundheitlichen Gründen unerwünscht ist.

§ 6 Abs. 1 und 2. Richtlinien

Ob ein schwerwiegender Grund zur Versagung der Befreiung vom Eheverbot wegen Ehebruchs vorliegt, ist unter Berücksichtigung aller Umstände des Falles, insbesondere der persönlichen Eigenschaften der Beteiligten und ihres Verhaltens, zu prüfen. § 4 Abs. 1 Satz 2 ist anzuwenden.

Ein schwerwiegender Grund zur Versagung der Befreiung liegt insbesondere dann vor, wenn mit hoher Wahrscheinlichkeit anzunehmen ist, daß die neue Ehe nicht von Bestand sein wird, oder wenn ihre Schließung im Interesse der Volksgemeinschaft unerwünscht ist.

§ 13. Wiederholung der Eheschließung

Das Verbot der Doppelehe (§ 8 des Gesetzes) steht einer Wiederholung der Eheschließung nicht entgegen, wenn die Ehegatten Zweifel an der Gültigkeit oder an dem Fortbestand ihrer Ehe hegen.

§ 14. Heiratserlaubnis für Angehörige der SS

Die Vorschriften des § 13 des Ehegesetzes über die Heiratserlaubnis gelten entsprechend für Angehörige der SS, die nach den Anordnungen des Reichsführers SS zur Eingehung einer Ehe einer besonderen Erlaubnis bedürfen.

§ 15. Eheschließung von Ausländern

Ausländer im Sinne des § 14 des Ehegesetzes sind Personen, die die deutsche Staatsangehörigkeit nicht besitzen.

§ 16. Vermögensrechtliche Beziehungen der Ehegatten aus einer nichtigen Ehe

Soweit auf die vermögensrechtlichen Beziehungen der Ehegatten aus einer für nichtig erklärten Ehe die im Falle der Scheidung geltenden Vorschriften entsprechende Anwendung finden (§ 31 Abs. 1 des Ehegesetzes), kann im Falle des § 69 Abs. 2 des Ehegesetzes jeder Ehegatte Unterhalt ohne Rücksicht darauf verlangen, wer die Nichtigkeitsklage erhoben hatte.

§ 17. Schuldausspruch im Aufhebungsurteil

Wird die Ehe aufgehoben und ist ein Ehegatte im Sinne des § 42 Abs. 2 des Ehegesetzes oder des § 19 Abs. 2 dieser Verordnung als schuldig anzusehen, so ist dies im Urteil auszusprechen.

§ 18. Zusammentreffen von Aufhebungs- und Scheidungsbegehren

Wird in demselben Rechtsstreit Aufhebung und Scheidung der Ehe begehrt und sind die Begehren begründet, so ist nur auf Aufhebung der Ehe zu erkennen. Die Schuld eines Ehegatten, welche das Scheidungsbegehren oder einen Schuldantrag gegenüber diesem Begehren rechtfertigt, ist im Schuldausspruch (§ 17 dieser Verordnung, §§ 60 und 61 des Ehegesetzes) zu berücksichtigen. Ist hiernach jeder der Ehegatten als schuldig anzusehen, so sind beide für schuldig zu erklären. Ist das Verschulden des einen Ehegatten erheblich schwerer als das des anderen, so ist zugleich auszusprechen, daß seine Schuld überwiegt.

§ 19. Wiederverheiratung im Falle der Todeserklärung

In den Fällen des § 44 des Ehegesetzes kann die Aufhebung der Ehe nur binnen eines Jahres begehrt werden. Die Frist beginnt mit dem Zeitpunkt, in dem der Ehegatte aus der früheren Ehe Kenntnis davon erlangt hat, daß der für tot erklärte Ehegatte noch lebt.

Soweit sich in den Fällen des § 44 des Ehegesetzes die Folgen der Aufhebung nach den Vorschriften über die Folgen der Scheidung bestimmen, ist der beklagte Ehegatte als schuldig anzusehen, wenn er bei der Eheschließung gewußt hat, daß der für tot erklärte Ehegatte die Todeserklärung überlebt hat.

III. Änderungen des Bürgerlichen Gesetzbuchs und des Einführungsgesetzes

§ 21

§ 1478 Abs. 3 des Bürgerlichen Gesetzbuchs erhält folgende Fassung:

„Das im Abs. 1 bestimmte Recht steht auch einem schuldig geschiedenen Ehegatten, wenn der andere für überwiegend schuldig erklärt ist, oder dem schuldlosen Ehegatten zu, dessen Ehe auf Verlangen des anderen Ehegatten geschieden worden ist. Ist die Ehe aufgehoben und ist nur ein Ehegatte als schuldig anzusehen, so steht das Recht dem anderen Ehegatten, ist keiner der Ehegatten als schuldig anzusehen, so steht es dem beklagten Ehegatten zu."

§ 22

§ 1609 Abs. 2 Satz 2 des Bürgerlichen Gesetzbuchs erhält folgende Fassung:

„Ist die Ehe geschieden oder aufgehoben, so geht der unterhaltsberechtigte Ehegatte den volljährigen oder verheirateten Kindern sowie den übrigen Verwandten des Unterhaltspflichtigen vor."

§ 23

§ 1621 Abs. 1 des Bürgerlichen Gesetzbuchs erhält folgende Fassung:

„Der Vater und die Mutter können die Aussteuer verweigern, wenn sich die Tochter ohne ihre Einwilligung verheiratet hat und diese Einwilligung nach § 3 des Ehegesetzes vom 6. Juli 1938 (Reichsgesetzbl. I S. 807) erforderlich war."

§ 24

§ 1721 des Bürgerlichen Gesetzbuchs erhält folgende Fassung:

„§ 1721

Ist die Ehe der Eltern nichtig, so finden die Vorschriften der §§ 29 und 30 des Ehegesetzes vom 6. Juli 1938 (Reichsgesetzbl. I S. 807) entsprechende Anwendung."

§ 25

§ 1899 Abs. 3 des Bürgerlichen Gesetzbuchs erhält folgende Fassung:

„Stammt der Mündel aus einer nichtigen Ehe und gilt er als ehelich, so ist ein Elternteil nur berufen, wenn ihm die Nichtigkeit der Ehe bei der Eheschließung nicht bekannt war."

§ 26

§ 1900 des Bürgerlichen Gesetzbuchs erhält folgende Fassung:

„§ 1900

Der Ehegatte des Mündels darf vor den Eltern und den Großvätern zum Vormund bestellt werden. Stammt der Mündel aus einer nichtigen Ehe und gilt er als ehelich, so darf die Mutter vor den Großvätern zum Vormund auch dann bestellt werden, wenn ihr die Nichtigkeit der Ehe bei der Eheschließung bekannt war.

Die uneheliche Mutter darf vor dem Großvater zum Vormund bestellt werden."

§ 27

(1) § 1933 des Bürgerlichen Gesetzbuchs erhält folgende Fassung:

„§ 1933

Das Erbrecht des überlebenden Ehegatten sowie das Recht auf den Voraus ist ausgeschlossen, wenn der Erblasser zur Zeit seines Todes auf Scheidung oder Aufhebung der Ehe zu klagen berechtigt war und die Klage erhoben hatte, sofern im Falle der Scheidung oder Aufhebung der Ehegatte als schuldig anzusehen wäre."

(2) Ist der Erbfall vor Inkrafttreten des Ehegesetzes eingetreten, so ist § 1933 des Bürgerlichen Gesetzbuchs in seiner bisherigen Fassung anzuwenden.

§ 28

(1) § 2077 Abs. 1 des Bürgerlichen Gesetzbuchs erhält folgende Fassung:

„Eine letztwillige Verfügung, durch die der Erblasser seinen Ehegatten bedacht hat, ist unwirksam, wenn die Ehe nichtig oder wenn sie vor dem Tode des Erblassers aufgelöst worden ist. Der Auflösung der Ehe steht es gleich, wenn der Erblasser zur Zeit seines Todes auf Scheidung oder Aufhebung der Ehe zu klagen berechtigt war und die Klage erhoben hatte, sofern im Falle der Scheidung oder Aufhebung der Ehegatte als schuldig anzusehen wäre."

(2) Ist der Erbfall vor Inkrafttreten des Ehegesetzes eingetreten, so ist § 2077 Abs. 1 des Bürgerlichen Gesetzbuchs in seiner bisherigen Fassung anzuwenden.

§ 29

Im Artikel 17 Abs. 4 des Einführungsgesetzes zum Bürgerlichen Gesetzbuch werden die Worte „sowie auf Aufhebung der ehelichen Gemeinschaft" gestrichen.

Gesetz über die Änderung von Familiennamen und Vornamen

Vom 5. Januar 1938 (RGBl. I S. 9)

Die Reichsregierung hat das folgende Gesetz beschlossen, das hiermit verkündet wird:

§ 1

Der Familienname eines deutschen Staatsangehörigen oder eines Staatenlosen, der seinen Wohnsitz oder gewöhnlichen Aufenthalt im Deutschen Reich hat, kann auf Antrag geändert werden.

§ 2

(1) Für eine beschränkt geschäftsfähige oder geschäftsunfähige Person stellt der gesetzliche Vertreter den Antrag; ein Vormund oder Pfleger bedarf hierzu der Genehmigung des Vormundschaftsgerichts.

(2) Hat der beschränkt Geschäftsfähige das 16. Lebensjahr vollendet, so hat ihn das Vormundschaftsgericht über den Antrag zu hören.

§ 3

(1) Ein Familienname darf nur geändert werden, wenn ein wichtiger Grund die Änderung rechtfertigt.

(2) Die für die Entscheidung erheblichen Umstände sind von Amts wegen festzustellen; dabei sollen insbesondere außer den unmittelbar Beteiligten die zuständige Ortspolizeibehörde und solche Personen gehört werden, deren Rechte durch die Namensänderung berührt werden.

§ 4

Die Änderung des Familiennamens erstreckt sich, soweit nicht bei der Entscheidung etwas anderes bestimmt wird, auf die unter elterlicher Gewalt stehenden Kinder der Person, deren Name geändert wird, und wenn diese eine Frau ist, auf ihre unehelichen minderjährigen Kinder.

§ 5

(1) Der Antrag auf Änderung eines Familiennamens ist schriftlich oder zu Protokoll bei der unteren Verwaltungsbehörde zu stellen, in deren Bezirk der Antragsteller seinen Wohnsitz oder beim Fehlen eines Wohnsitzes seinen Aufenthalt hat. Hat er im Deutschen Reich weder Wohnsitz noch Aufenthalt, so bestimmt der Reichsminister des Innern die zuständige Behörde.

(2) Beantragen mehrere Angehörige einer Familie dieselbe Namensänderung, so kann der Antrag bei jeder Behörde gestellt werden, die zur Entgegennahme auch nur eines Antrags zuständig ist.

§ 6

Zur Änderung eines Familiennamens ist die höhere Verwaltungsbehörde zuständig. Der Reichsminister des Innern kann sich die Entscheidung vorbehalten.

§ 7

(1) Eine Namensänderung, die vor dem 30. Januar 1933 genehmigt worden ist, kann bis zum 31. Dezember 1940 widerrufen werden, wenn diese Namensänderung nicht als erwünscht anzusehen ist.

(2) Durch den Widerruf verlieren außer den Personen, deren Name geändert worden ist, auch diejenigen Personen den Namen, die ihr Recht zur Führung dieses Namens von jenen Personen ableiten; die von dem Widerruf betroffenen Personen dürfen nur noch den Namen führen, der ihnen oder ihren Vorfahren vor der Namensänderung zustand. Der Widerruf wird wirksam mit der Zustellung der Widerrufsverfügung an denjenigen, dessen Name durch den Widerruf betroffen wird.

(3) Zum Widerruf einer Namensänderung ist der Reichsminister des Innern zuständig.

§ 8

(1) Ist zweifelhaft, welchen Familiennamen ein deutscher Staatsangehöriger oder ein Staatenloser, der seinen Wohnsitz

oder gewöhnlichen Aufenthalt im Deutschen Reich hat, zu führen berechtigt ist, so kann der Reichsminister des Innern diesen Namen auf Antrag eines Beteiligten oder von Amts wegen mit allgemein verbindlicher Wirkung feststellen. Die Vorschriften der § 2, § 3 Abs. 2, §§ 4 und 5 finden entsprechende Anwendung.

(2) Ist in einem Antrag eines Beteiligten eingeleiteten Verfahren die Entscheidung von der Beurteilung einer familienrechtlichen Vorfrage abhängig, so kann der Reichsminister des Innern das Verfahren auf Antrag oder von Amts wegen aussetzen und den Antragsteller zur Herbeiführung einer Entscheidung über diese Vorfrage auf den Rechtsweg verweisen.

(3) Hat ein gerichtliches Verfahren das Recht zur Führung eines Namens zum Gegenstand, so ist es auf Verlangen des Reichsministers des Innern auszusetzen, bis der Name nach Abs. 1 festgestellt ist.

§ 9

Die untere Verwaltungsbehörde veranlaßt die Eintragung eines Randvermerks über die Namensänderung, den Widerruf einer Namensänderung oder die Namensfeststellung im Geburtsregister und im Heiratsregister. Sie benachrichtigt die zuständige Strafregisterbehörde und die Ortspolizeibehörde des Wohnsitzes oder Aufenthaltsorts der Person, deren Name geändert ist, die von dem Widerruf einer Namensänderung betroffen wird oder deren Name festgestellt ist.

§ 10

Die §§ 1355, 1577, 1706, 1719, 1736, 1758 und 1772 des Bürgerlichen Gesetzbuchs bleiben unberührt.

§ 11

Die §§ 1 bis 3, § 5, § 7 Abs. 1 und Abs. 2 Satz 2 und § 9 finden auf die Änderung und den Widerruf einer Änderung von Vornamen mit der Maßgabe Anwendung, daß die Entscheidung der unteren Verwaltungsbehörde zusteht; die Beschwerde geht an die höhere Verwaltungsbehörde, die endgültig entscheidet.

§ 12

Der Reichsminister des Innern kann Vorschriften über die Führung von Vornamen erlassen und von Amts wegen die Änderung von Vornamen, die diesen Vorschriften nicht entsprechen veranlassen.

§ 13

Der Reichsminister des Innern erläßt die zur Durchführung und Ergänzung dieses Gesetzes erforderlichen Rechts- und Verwaltungsvorschriften.

§ 14

Dieses Gesetz tritt mit Wirkung vom 1. Januar 1938 in Kraft.

Berchtesgaden, den 5. Januar 1938.

Der Führer und Reichskanzler
Adolf Hitler
Der Reichsminister des Innern
Frick
Der Reichsminister der Justiz
Dr. Gürtner

Erste Verordnung zur Durchführung des Gesetzes über die Änderung von Familiennamen und Vornamen

Vom 7. Januar 1938 (RGBl. I S. 12)

Auf Grund des § 13 des Gesetzes über die Änderung von Familiennamen und Vornamen vom 5. Januar 1938 (Reichsgesetzbl. I S. 9) wird folgendes verordnet:

Artikel I

§ 1

(1) Untere Verwaltungsbehörde ist in Gemeinden mit staatlicher Polizeiverwaltung die staatliche Polizeibehörde, im übrigen in Stadtkreisen der Oberbürgermeister, in Landkreisen in Preußen der Landrat, in den übrigen Ländern die ihm entsprechende Behörde.

(2) Höhere Verwaltungsbehörde ist:

in Preußen und Bayern . . .	der Regierungspräsident (in Berlin der Polizeipräsident),
in Sachsen	der Kreishauptmann,
in den übrigen Ländern . . .	die oberste Landesbhörde,
im Saarland	der Reichskommissar für das Saarland.

§ 2

(1) Die höhere Verwaltungsbehörde kann den Antrag auf Änderung oder Feststellung des Familiennamens unter Bestimmung einer Frist zur Geltendmachung von Einwendungen in einer von ihr zu bestimmenden Tageszeitung auf Kosten des Antragstellers veröffentlichen, soweit es zur Verhütung der Beeinträchtigung von Rechten anderer Personen erforderlich erscheint.

(2) Wird ein Familienname geändert oder festgestellt oder wird die Änderung eines Familiennamens widerrufen, so kann die höhere Verwaltungsbehörde diese Anordnung durch einmaliges Einrücken in eine von ihr zu bestimmende Tageszeitung auf Kosten des Betroffenen bekanntmachen, wenn es im Einzelfall zweckmäßig erscheint.

§ 3

(1) Die Gebühr für die Änderung oder Feststellung eines Familiennamens beträgt 5 bis 2000 Reichsmark, die Gebühr für die Änderung eines Vornamens 5 bis 500 Reichsmark. Wird der Antrag abgelehnt oder zurückgenommen, so wird $1/_{10}$ bis $1/_2$ dieser Gebühr erhoben. Von der Erhebung der Gebühr kann abgesehen werden, wenn es nach der Lage des Einzelfalls billig erscheint, insbesondere wenn der Antragsteller mittellos ist.

(2) Zur Zahlung der Gebühr ist der Antragsteller verpflichtet, neben ihm auch derjenige, zu dessen Gunsten der Antrag gestellt ist.

Artikel II

§ 4

Die Vorschriften des Erbhofrechts über das Namensrecht, insbesondere § 27 des Reichserbhofgesetzes vom 29. September 1933 (Reichsgesetzbl. I S. 685), bleiben unberührt.

Berlin, den 7. Januar 1938.

Der Reichsminister des Innern
Frick

Gesetz über die Errichtung von Testamenten und Erbverträgen

Vom 31. Juli 1938 (RGBl. I S. 973)

Ziel des Erbrechts ist es, überkommenes wie gewonnenes Gut des Erblassers weiterzuleiten und über seinen Tod hinaus wirken zu lassen zum Wohle von Familie, Sippe und Volk. In der Hand eines verantwortungsbewußten Erblassers dienen diesem Ziele auch Testament und Erbvertrag.

Die Anforderungen an die Errichtung oder Aufhebung einer Verfügung von Todes wegen sind so zu gestalten, daß unnötige Formenstrenge vermieden, anderseits eine zuverlässige Wiedergabe des Willens des Erblassers sichergestellt wird.

Die Reichsregierung hat daher das folgende Gesetz beschlossen, das hiermit verkündet wird:

Erster Abschnitt

Errichtung eines Testaments

§ 1

Persönliche Errichtung

(1) Der Erblasser kann ein Testament nur persönlich errichten.

(2) Ein Minderjähriger kann ein Testament erst errichten, wenn er das sechzehnte Lebensjahr vollendet hat.

(3) Der Minderjährige oder ein unter vorläufige Vormundschaft gestellter Volljähriger bedarf zur Errichtung eines Testaments nicht der Zustimmung seines gesetzlichen Vertreters.

§ 2

Fehlen der Testierfähigkeit

(1) Wer entmündigt ist, kann ein Testament nicht errichten. Die Unfähigkeit tritt schon mit der Stellung des Antrags ein, auf Grund dessen die Entmündigung ausgesprochen wird.

(2) Wer wegen krankhafter Störung der Geistestätigkeit, wegen Geistesschwäche oder wegen Bewußtseinsstörung (zum Beispiel wegen Trunkenheit) nicht in der Lage ist, die Bedeutung einer von ihm abgegebenen Willenserklärung einzusehen und nach dieser Einsicht zu handeln, kann ein Testament nicht errichten.

§ 3

Sonderfälle bei Entmündigung

(1) Hat ein Entmündigter ein Testament errichtet, bevor der Entmündigungsbeschluß unanfechtbar geworden ist, so steht die Entmündigung der Gültigkeit des Testaments nicht entgegen, wenn der Entmündigte noch vor dem Eintritt der Unanfechtbarkeit stirbt.

(2) Hat ein Entmündigter nach der Stellung des Antrags auf Wiederaufhebung der Entmündigung ein Testament errichtet, so steht die Entmündigung der Gültigkeit des Testaments nicht entgegen, wenn die Entmündigung auf Grund des Antrags wiederaufgehoben wird.

§ 4

Ordentliche Testamentsformen

Ein Testament kann in ordentlicher Form errichtet werden:

1. vor einem Richter oder vor einem Notar;
2. durch eine vom Erblasser nach § 21 abgegebene Erklärung.

§ 5

Öffentliches Testament

Für die Errichtung eines Testaments vor einem Richter oder vor einem Notar gelten die Vorschriften der §§ 6 bis 20.

§ 6

Mitwirkende Personen

(1) Ist der Erblasser nach der Überzeugung des Richters oder Notars taub, blind, stumm oder sonst am Sprechen verhindert, so muß der Richter einen Urkundsbeamten der Geschäftsstelle oder zwei Zeugen, der Notar einen zweiten Notar oder zwei Zeugen zuziehen.

(2) In anderen Fällen steht es dem Richter oder Notar frei, die im Abs. 1 bezeichneten Personen zuzuziehen. Von dieser Befugnis soll er Gebrauch machen, wenn der Erblasser es verlangt. Die Zuziehung soll unterbleiben, wenn der Erblasser ihr widerspricht.

§ 7

Ausschließung wegen des Verhältnisses zum Erblasser

Als Richter, Notar, Urkundsbeamter der Geschäftsstelle oder Zeuge kann bei der Errichtung des Testaments nicht mitwirken:

1. der Ehegatte des Erblassers, auch wenn die Ehe nicht mehr besteht;
2. wer mit dem Erblasser in gerader Linie oder im zweiten Grade der Seitenlinie verwandt oder verschwägert ist.

§ 8

Ausschließung wegen des Verhältnisses zum Bedachten

(1) Als Richter, Notar, Urkundsbeamter der Geschäftsstelle oder Zeuge kann bei der Errichtung des Testaments nicht mitwirken, wer in dem Testament bedacht oder zum Testamentsvollstrecker ernannt wird oder wer zu einem so Bedachten oder Ernannten in einem Verhältnis der im § 7 bezeichneten Art steht.

(2) Die Mitwirkung einer hiernach ausgeschlossenen Person hat nur zur Folge, daß die Zuwendung an den Bedachten oder die Ernennung zum Testamentsvollstrecker nichtig ist.

§ 9

Ausschließung wegen des Verhältnisses zu den Urkundspersonen

Als Urkundsbeamter der Geschäftsstelle oder zweiter Notar oder Zeuge soll bei der Errichtung des Testaments nicht mitwirken, wer zu dem Richter oder dem beurkundenden Notar in einem Verhältnis der im § 7 bezeichneten Art steht.

§ 10

Besondere Ausschließungsgründe für Zeugen

Als Zeuge soll bei der Errichtung des Testaments nicht mitwirken:

1. ein Minderjähriger;
2. wer der bürgerlichen Ehrenrechte für verlustig erklärt ist, während der Zeit, für welche die Ehrenrechte aberkannt sind;
3. wer nach den gesetzlichen Vorschriften wegen einer strafgerichtlichen Verurteilung unfähig ist, als Zeuge eidlich vernommen zu werden;
4. wer geisteskrank, geistesschwach, taub, blind oder stumm ist oder nicht schreiben kann;
5. wer die deutsche Sprache nicht versteht; dies gilt nicht im Falle des § 19;
6. wer als Hausangestellter oder Gehilfe im Dienste des Richters oder des beurkundenden Notars steht.

§ 11

Errichtung des Testaments

(1) Das Testament wird in der Weise errichtet, daß der Erblasser dem Richter oder dem Notar seinen letzten Willen mündlich erklärt oder eine Schrift mit der mündlichen Erklärung übergibt, daß die Schrift seinen letzten Willen enthalte.

(2) Der Erblasser kann die Schrift offen oder verschlossen übergeben. Die Schrift kann von dem Erblasser oder von einer anderen Person geschrieben sein. Der Richter oder der Notar

soll von dem Inhalt der offen übergebenen Schrift Kenntnis nehmen.

(3) Wer minderjährig ist, kann das Testament nur durch mündliche Erklärung oder durch Übergabe einer offenen Schrift errichten.

(4) Ist der Erblasser nach der Überzeugung des Richters oder des Notars nicht imstande, Geschriebenes zu lesen, so kann er das Testament nur durch mündliche Erklärung errichten.

§ 12

Anwesenheit der mitwirkenden Personen

Die bei der Errichtung des Testaments mitwirkenden Personen müssen, soweit sich aus § 16 Abs. 2, 3 nichts anderes ergibt, während der ganzen Verhandlung zugegen sein.

§ 13

Niederschrift über die Errichtung des Testaments

(1) Über die Errichtung des Testaments muß eine Niederschrift in deutscher Sprache aufgenommen werden.

(2) Die Niederschrift muß enthalten:

1. den Tag der Verhandlung;
2. die Bezeichnung des Erblassers und der mitwirkenden Personen;
3. die nach § 11 erforderlichen Erklärungen des Erblassers und im Falle der Übergabe einer Schrift die Feststellung der Übergabe.

(3) Die Niederschrift soll ferner den Ort der Verhandlung enthalten.

(4) Das Fehlen einer Angabe über den Tag der Verhandlung steht der Gültigkeit des Testaments nicht entgegen, wenn diese Angabe aus dem vom Richter oder Notar nach § 20 auf den Testamentsumschlag gesetzten Vermerk hervorgeht.

(5) Das Testament ist nicht schon deshalb ungültig, weil die Angabe über den Tag der Verhandlung unrichtig ist.

§ 14

Feststellung der Person und Prüfung der Testierfähigkeit des Erblassers

(1) Kennt der Richter oder der Notar den Erblasser, so soll er dies in der Niederschrift feststellen. Kennt er ihn nicht, so soll er angeben, wie er sich Gewißheit über seine Person verschafft hat.

(2) Kann sich der Richter oder der Notar über die Person des Erblassers keine volle Gewißheit verschaffen, wird aber gleichwohl die Aufnahme der Verhandlung verlangt, so soll er dies in der Niederschrift unter Anführung des Sachverhalts und der zur Feststellung der Person beigebrachten Unterlagen angeben.

(3) Der Richter oder der Notar soll sich davon überzeugen, daß der Erblasser testierfähig ist (§§ 1, 2). Er soll seine Wahrnehmungen über die Testierfähigkeit in der Niederschrift angeben.

§ 15

Bedenken gegen die Errichtung des Testaments

(1) Der Richter oder der Notar soll den Erblasser auf Bedenken gegen den Inhalt seiner mündlichen Erklärung oder der offen übergebenen Schrift hinweisen.

(2) Bestehen Zweifel an der Gültigkeit des beabsichtigten Testaments, so sollen die Zweifel dem Erblasser mitgeteilt und der Inhalt der Mitteilung und die hierauf vom Erblasser abgegebenen Erklärungen in der Niederschrift festgestellt werden.

§ 16

Verlesung, Genehmigung und Unterzeichnung

(1) Die Niederschrift muß vorgelesen, vom Erblasser genehmigt und von ihm eigenhändig unterschrieben werden. In der Niederschrift soll festgestellt werden, daß dies geschehen ist. Hat der Erblasser die Niederschrift eigenhändig unterschrieben, so wird vermutet, daß sie vorgelesen und von ihm genehmigt ist. Die Niederschrift soll dem Erblasser auf Verlangen auch zur Durchsicht vorgelegt werden.

(2) Ist der Erblasser taub, so soll ihm die Niederschrift zur Durchsicht vorgelegt werden, auch wenn er dies nicht verlangt; in der Niederschrift soll festgestellt werden, daß dies geschehen ist. Kann der taube Erblasser Geschriebenes nicht lesen, so soll bei dem Vorlesen eine Vertrauensperson zugezogen werden, die sich mit ihm zu verständigen vermag; in der Niederschrift soll die Zuziehung festgestellt werden.

(3) Kann der Erblasser nach der Überzeugung des Richters oder des Notars nicht schreiben, so wird die Unterschrift des Erblassers durch die Feststellung dieser Überzeugung in der Niederschrift ersetzt. In einem solchen Falle muß der Richter oder der Notar bei dem Vorlesen und der Genehmigung einen Zeugen zuziehen; der Zuziehung des Zeugen bedarf es nicht, wenn der Richter oder der Notar gemäß § 6 oder nach einer anderen gesetzlichen Vorschrift einen Urkundsbeamten der Geschäftsstelle oder einen zweiten Notar oder zwei Zeugen zuzieht.

(4) Die Niederschrift muß von den mitwirkenden Personen unterschrieben werden.

§ 17

Verhinderung des Erblassers am Sprechen

(1) Wer nach der Überzeugung des Richters oder des Notars stumm oder sonst am Sprechen verhindert ist, kann das Testament nur durch Übergabe einer Schrift errichten. Er muß die Erklärung, daß die Schrift seinen letzten Willen enthalte, bei der Verhandlung eigenhändig in die Niederschrift oder auf ein besonderes Blatt schreiben, das der Niederschrift als Anlage beigefügt werden muß.

(2) Das eigenhändige Niederschreiben der Erklärung, sowie die Überzeugung des Richters oder des Notars, daß der Erblasser am Sprechen verhindert ist, sollen in der Niederschrift festgestellt werden. Die Niederschrift braucht von dem Erblasser nicht besonders genehmigt zu werden.

§ 18

Unkenntnis der deutschen Sprache

(1) Ist der Erblasser nach der Überzeugung des Richters oder des Notars der deutschen Sprache nicht mächtig, so muß bei

der Errichtung des Testaments ein vereideter Dolmetscher zugezogen werden. Auf den Dolmetscher sind die nach den §§ 7 bis 10 für einen Zeugen geltenden Vorschriften entsprechend anzuwenden.

(2) Die Niederschrift muß in die Sprache, in der sich der Erblasser erklärt, übersetzt werden. Die Übersetzung muß von dem Dolmetscher angefertigt oder beglaubigt und vorgelesen werden; die Übersetzung muß der Niederschrift als Anlage beigefügt werden.

(3) In der Niederschrift soll die Überzeugung des Richters oder des Notars, daß der Erblasser der deutschen Sprache nicht mächtig sei, festgestellt werden. Die Niederschrift muß den Namen des Dolmetschers und die Feststellung enthalten, daß der Dolmetscher die Übersetzung angefertigt oder beglaubigt und sie vorgelesen hat. Der Dolmetscher muß die Niederschrift unterschreiben.

§ 19

Niederschrift in fremder Sprache

(1) Sind sämtliche mitwirkenden Personen nach der Überzeugung des Richters oder des Notars der Sprache, in der sich der Erblasser erklärt, mächtig, so ist die Zuziehung eines Dolmetschers nicht erforderlich.

(2) Unterbleibt die Zuziehung eines Dolmetschers, so muß die Niederschrift in der fremden Sprache aufgenommen werden und die Überzeugung des Richters oder des Notars feststellen, daß die mitwirkenden Personen der fremden Sprache mächtig seien. In der Niederschrift soll die Überzeugung des Richters oder des Notars, daß der Erblasser der deutschen Sprache nicht mächtig sei, festgestellt werden. Eine deutsche Übersetzung der Niederschrift soll als Anlage beigefügt werden.

§ 20

Verschließung und Verwahrung des Testaments

(1) Der Richter oder der Notar soll die Niederschrift über die Errichtung des Testaments mit den Anlagen, insbesondere im

Falle der Errichtung durch Übergabe einer Schrift mit dieser Schrift, in Gegenwart der übrigen mitwirkenden Personen und des Erblassers in einen Umschlag nehmen und diesen mit dem Amtssiegel verschließen. Der Richter oder der Notar soll das Testament auf dem Umschlag nach der Person des Erblassers sowie nach der Zeit der Errichtung näher bezeichnen und diese Aufschrift unterschreiben.

(2) Der Richter oder der Notar soll veranlassen, daß das so verschlossene Testament unverzüglich in besondere amtliche Verwahrung gebracht wird (§§ 37, 38). Dem Erblasser soll über das in Verwahrung genommene Testament ein Hinterlegungsschein erteilt werden.

§ 21

Eigenhändiges Testament

(1) Der Erblasser kann ein Testament in ordentlicher Form durch eine eigenhändig geschriebene und unterschriebene Erklärung errichten.

(2) Es ist nicht notwendig, aber rätlich, daß der Erblasser in der Erklärung angibt, zu welcher Zeit (Tag, Monat und Jahr) und an welchem Orte er sie niedergeschrieben hat.

(3) Die Unterschrift soll den Vornamen und den Familiennamen des Erblassers enthalten. Unterschreibt der Erblasser in anderer Weise, etwa lediglich mit dem Vornamen oder durch Angabe der Familienstellung, und reicht diese Unterzeichnung zur Feststellung der Urheberschaft des Erblassers und der Ernstlichkeit seiner Erklärung aus, so steht eine solche Unterzeichnung der Gültigkeit des Testaments nicht entgegen.

(4) Wer minderjährig ist oder Geschriebenes nicht zu lesen vermag, kann ein Testament nicht nach obigen Vorschriften errichten.

(5) Enthält ein nach Abs. 1 errichtetes Testament keine Angabe über die Zeit der Errichtung und ergeben sich hieraus Zweifel über seine Gültigkeit (etwa weil der Erblasser während einer gewissen Zeit wegen Entmündigung testierunfähig war oder weil er mehrere einander widersprechende Testamente hinterlassen hat), so ist das Testament nur dann als gültig anzusehen, wenn sich

die notwendigen Feststellungen über die Zeit der Errichtung anderweit treffen lassen. Dasselbe gilt entsprechend für ein Testament, das keine Angabe über den Ort der Errichtung enthält.

§ 22

Verwahrung des eigenhändigen Testaments

Ein nach den Vorschriften des § 21 errichtetes Testament ist auf Verlangen des Erblassers in besondere amtliche Verwahrung zu nehmen (§§ 37, 38). Dem Erblasser soll über das in Verwahrung genommene Testament ein Hinterlegungsschein erteilt werden.

§ 23

Nottestament vor dem Bürgermeister

(1) Ist zu besorgen, daß der Erblasser früher sterben werde, als die Errichtung eines Testaments vor einem Richter oder vor einem Notar möglich ist, so kann er das Testament vor dem Bürgermeister der Gemeinde, in der er sich aufhält, errichten. Der Bügermeister muß zwei Zeugen zuziehen. Die Vorschriften der §§ 7 bis 20 finden Anwendung; der Bürgermeister tritt an die Stelle des Richters oder des Notars. Ist ein Dolmetscher zuzuziehen, so kann der Bürgermeister den Dolmetscher beeidigen.

(2) Die Besorgnis, daß die Errichtung eines Testaments vor einem Richter oder vor einem Notar nicht mehr möglich sein werde, soll in der Niederschrift festgestellt werden. Der Gültigkeit des Testaments steht nicht entgegen, daß die Besorgnis nicht begründet war.

(3) Der Bürgermeister soll den Erblasser darauf hinweisen, daß das Testament seine Gültigkeit verliert, wenn der Erblasser den Ablauf der im § 26 Abs. 1, 2 vorgesehenen Frist überlebt. Er soll in der Niederschrift feststellen, daß dieser Hinweis gegeben ist.

(4) Für die Anwendung der vorstehenden Vorschriften steht der Vorsteher eines Gutsbezirks dem Bürgermeister einer Gemeinde gleich.

(5) Das Testament kann auch vor demjenigen errichtet werden, der nach den gesetzlichen Vorschriften zur Vertretung des Bürger-

meisters oder des Gutsvorstehers befugt ist. Der Vertreter soll in der Niederschrift angeben, worauf sich seine Vertretungsbefugnis stützt.

(6) Sind bei Abfassung der Niederschrift über die Errichtung des in den vorstehenden Absätzen vorgesehenen Testaments Formfehler unterlaufen, ist aber dennoch mit Sicherheit anzunehmen, daß das Testament eine zuverlässige Wiedergabe der Erklärung des Erblassers enthält, so steht der Formverstoß der Gültigkeit des Testaments nicht entgegen.

§ 24

Nottestament in besonderen Fällen

(1) Wer sich an einem Orte aufhält, der infolge außerordentlicher Umstände dergestalt abgesperrt ist, daß die Errichtung eines Testaments vor einem Richter oder vor einem Notar nicht möglich oder erheblich erschwert ist, kann das Testament in der durch § 23 bestimmten Form oder durch mündliche Erklärung vor drei Zeugen errichten.

(2) Wer sich in so naher Todesgefahr befindet, daß voraussichtlich auch die Errichtung eines Testaments nach § 23 nicht mehr möglich ist (zum Beispiel infolge eines Unfalls im Gebirge), kann das Testament durch mündliche Erklärung vor drei Zeugen errichten.

(3) Wird das Testament durch mündliche Erklärung vor drei Zeugen errichtet, so muß hierüber eine Niederschrift aufgenommen werden. Auf die Zeugen sind die Vorschriften der §§ 7, 8 und des § 10 Nr. 1 bis 5, auf die Niederschrift die Vorschriften der §§ 13, 14, 16, 19, § 23 Abs. 6 entsprechend anzuwenden; ferner findet § 23 Abs. 2 sinngemäß Anwendung. Unter Zuziehung eines Dolmetschers kann ein Testament in dieser Form nicht errichtet werden.

§ 25

Seetestament

Wer sich während einer Seereise an Bord eines deutschen, nicht zur Kriegsmarine gehörenden Fahrzeugs außerhalb eines inländischen Hafens befindet, kan ein Testament durch mündliche Erklärung vor drei Zeugen nach § 24 Abs. 3 errichten.

§ 26

Gültigkeitsdauer der Nottestamente

(1) Ein nach § 23, § 24 oder § 25 errichtetes Testament gilt als nicht errichtet, wenn seit der Errichtung drei Monate verstrichen sind und der Erblasser noch lebt.

(2) Beginn und Lauf der Frist sind gehemmt, solange der Erblasser außerstande ist, ein Testament vor einem Richter oder Notar zu errichten.

(3) Tritt im Falle des § 25 der Erblasser vor dem Ablauf der Frist eine neue Seereise an, so wird die Frist mit der Wirkung unterbrochen, daß nach Beendigung der neuen Reise die volle Frist von neuem zu laufen beginnt.

(4) Wird der Erblasser nach dem Ablauf der Frist für tot erklärt, so behält das Testament seine Kraft, wenn die Frist zu der Zeit, zu welcher der Erblasser nach den vorhandenen Nachrichten noch gelebt hat, noch nicht verstrichen war.

§ 27

Testament von Wehrmachtangehörigen

Unberührt bleiben die besonderen Vorschriften über Testamente von Wehrmachtangehörigen (Gesetz über die freiwillige Gerichtsbarkeit und andere Rechtsangelegenheiten in der Wehrmacht vom 24. April 1934, Reichsgesetzbl. I S. 335, nebst Durchführungsverordnung vom 3. Februar 1936, Reichsgesetzbl. I S. 99; § 1 Nr. 14 der Verordnung über die Einführung von Wehrrecht im Lande Österreich vom 15. Juni 1938, Reichsgesetzbl. I S. 631).

§ 28

Gemeinschaftliches Testament

(1) Ein gemeinschaftliches Testament kann nur von Ehegatten errichtet werden.

(2) Zur Errichtung eines gemeinschaftlichen Testaments nach § 21 genügt es, wenn einer der Ehegatten das Testament in der dort vorgeschriebenen Form errichtet und der andere Ehegatte die gemeinschaftliche Erklärung eigenhändig mit unterzeichnet. Der

mitunterzeichnende Ehegatte soll hierbei angeben, zu welcher Zeit (Tag, Monat und Jahr) und an welchem Orte er seine Unterschrift beigefügt hat.

(3) Ein gemeinschaftliches Testament kann nach § 23, § 24 auch dann errichtet werden, wenn die dort vorgesehenen Voraussetzungen nur bei einem der Ehegatten vorliegen.

Zweiter Abschnitt
Errichtung eines Erbvertrags

§ 29
Abschluß eines Erbvertrags

(1) Der Erblasser kann einen Erbvertrag nur persönlich schließen.

(2) Einen Erbvertrag kann als Erblasser nur schließen, wer unbeschränkt geschäftsfähig ist.

(3) Ein Ehegatte kann als Erblasser mit seinem Ehegatten einen Erbvertrag schließen, auch wenn er in der Geschäftsfähigkeit beschränkt ist. Er bedarf in diesem Falle der Zustimmung seines gesetzlichen Vertreters; ist der gesetzliche Vertreter ein Vormund, so ist auch die Genehmigung des Vormundschaftsgerichts erforderlich.

(4) Die Vorschriften des Abs. 3 gelten auch für Verlobte.

§ 30
Form des Erbvertrags

(1) Ein Erbvertrag kann nur vor einem Richter oder vor einem Notar bei gleichzeitiger Anwesenheit beider Teile geschlossen werden. Die Vorschriften der §§ 6 bis 19, 27 finden Anwendung; was nach diesen Vorschriften für den Erblasser gilt, gilt für jeden der Vertragschließenden.

(2) Für einen Erbvertrag zwischen Ehegatten oder zwischen Verlobten, der mit einem Ehevertrag in derselben Urkunde verbunden wird, genügt die für den Ehevertrag vorgeschriebene Form.

§ 31

Verschließung und Verwahrung des Erbvertrags

(1) Die über einen Erbvertrag aufgenommene Urkunde soll gemäß § 20 verschlossen, mit einer Aufschrift versehen und in besondere amtliche Verwahrung gebracht werden, sofern nicht die Parteien das Gegenteil verlangen. Das Gegenteil gilt im Zweifel als verlangt, wenn der Erbvertrag mit einem anderen Vertrag in derselben Urkunde verbunden wird.

(2) Über einen in besondere amtliche Verwahrung genommenen Erbvertrag soll jedem der Vertragschließenden ein Hinterlegungsschein erteilt werden.

Dritter Abschnitt

Aufhebung des Testaments

§ 32

Widerruf des Testaments

(1) Der Erblasser kann ein Testament sowie eine einzelne in einem Testament enthaltene Verfügung jederzeit widerrufen.

(2) Die Entmündigung des Erblassers wegen Geistesschwäche, Verschwendung oder Trunksucht steht dem Widerruf eines vor der Entmündigung errichteten Testaments nicht entgegen.

§ 33

Form des Widerrufs

(1) Der Widerruf erfolgt durch Testament.

(2) Ein Testament kann auch dadurch widerrufen werden, daß der Erblasser in der Absicht, es aufzuheben, die Testamentsurkunde vernichtet oder an ihr Veränderungen vornimmt, durch die der Wille, eine schriftliche Willenserklärung aufzuheben, ausgedrückt zu werden pflegt. Hat der Erblasser die Testamentsurkunde vernichtet oder in der bezeichneten Weise verändert, so wird vermutet, daß er die Aufhebung des Testaments beabsichtigt habe.

§ 34

Rücknahme des Testaments aus der amtlichen Verwahrung

(1) Ein vor einem Richter oder vor einem Notar oder nach § 23 errichtetes Testament gilt als widerrufen, wenn die in amtliche Verwahrung genommene Urkunde dem Erblasser zurückgegeben wird. Die zurückgebende Stelle soll den Erblasser über die im Satz 1 vorgesehene Folge der Rückgabe belehren, dies auf der Urkunde vermerken und aktenkundig machen, daß beides geschehen ist.

(2) Der Erblasser kann die Rückgabe jederzeit verlangen. Das Testament darf nur an den Erblasser persönlich zurückgegeben werden.

(3) Die Vorschriften des Abs. 2 gelten auch für ein nach § 22 hinterlegtes Testament; die Rückgabe ist auf die Wirksamkeit des Testaments ohne Einfluß.

(4) Ein gemeinschaftliches Testament kann nach vorstehenden Vorschriften nur von beiden Ehegatten zurückgenommen werden.

§ 35

Widerruf des Widerrufs

Wird der durch Testament erfolgte Widerruf einer letztwilligen Verfügung widerrufen, so ist im Zweifel die Verfügung wirksam, wie wenn sie nicht widerrufen worden wäre.

§ 36

Widerruf durch späteres Testament

(1) Durch die Errichtung eines Testaments wird ein früheres Testament insoweit aufgehoben, als das spätere Testament mit dem früheren in Widerspruch steht.

(2) Wird das spätere Testament widerrufen, so ist im Zweifel das frühere Testament in gleicher Weise wirksam, wie wenn es nicht aufgehoben worden wäre.

Vierter Abschnitt
Amtliche Verwahrung und Eröffnung von Testamenten und Erbverträgen

§ 37
Zuständigkeit für die besondere amtliche Verwahrung

(1) Für die besondere amtliche Verwahrung der Testamente und der Erbverträge sind die Amtsgerichte zuständig.

(2) Örtlich zuständig ist:

1. wenn das Testament oder der Erbvertrag vor einem Amtsgericht errichtet ist, dieses Gericht;
2. wenn das Testament oder der Erbvertrag vor einem Notar errichtet ist, das Amtsgericht, in dessen Bezirk der Notar seinen Amtssitz hat;
3. wenn das Testament vor dem Bürgermeister einer Gemeinde oder dem Vorsteher eines Gutsbezirks errichtet ist, das Amtsgericht, zu dessen Bezirk die Gemeinde oder der Gutsbezirk gehört;
4. wenn das Testament nach § 21 errichtet ist, jedes Amtsgericht.

(3) Der Erblasser kann jederzeit die Verwahrung bei einem anderen Amtsgericht verlangen.

(4) Das Gericht, welches das Testament oder den Erbvertrag in Verwahrung nimmt, hat, wenn der Erblasser seinen Wohnsitz in dem Bezirk eines anderen Gerichts hat, diesem von der Verwahrung Nachricht zu geben.

§ 38
Verfahren bei der besonderen amtlichen Verwahrung

(1) Die Annahme zur Verwahrung sowie die Herausgabe des Testaments oder des Erbvertrags ist von dem Amtsgericht anzuordnen und von dem Amtsrichter und dem Urkundsbeamten der Geschäftsstelle gemeinschaftlich zu bewirken. Bei der Führung des Verwahrungsbuchs sind die Vermerke über die Annahme

und die Herausgabe von dem Amtsrichter und dem Urkundsbeamten der Geschäftsstelle zu unterschreiben.

(2) Die Verwahrung erfolgt unter gemeinschaftlichem Verschluß des Amtsrichters und des Urkundsbeamten der Geschäftsstelle. Der Hinterlegungsschein ist von ihnen zu unterschreiben und mit dem Dienststempel zu versehen.

§ 39

Ablieferungspflicht

(1) Wer ein Testament, das nicht in besondere amtliche Verwahrung gebracht ist, im Besitz hat, ist verpflichtet, es unverzüglich, nachdem er von dem Tode des Erblassers Kenntnis erlangt hat, an das Nachlaßgericht abzuliefern.

(2) Befindet sich ein Testament bei einer anderen Behörde als einem Gericht in amtlicher Verwahrung, so ist es nach dem Tode des Erblassers an das Nachlaßgericht abzuliefern. Das Nachlaßgericht hat, wenn es von dem Testament Kenntnis erlangt, die Ablieferung zu veranlassen.

§ 40

Eröffnung des Testaments durch das Nachlaßgericht

(1) Das Nachlaßgericht hat, sobald es von dem Tode des Erblassers Kenntnis erlangt, zur Eröffnung eines in seiner Verwahrung befindlichen Testaments einen Termin zu bestimmen. Zu dem Termin sollen die gesetzlichen Erben des Erblassers und die sonstigen Beteiligten, soweit tunlich, geladen werden.

(2) In dem Termin ist das Testament zu öffnen, den Beteiligten zu verkünden und ihnen auf Verlangen vorzulegen. Die Verkündung darf im Falle der Vorlegung unterbleiben. Die Verkündung unterbleibt ferner, wenn im Termin keiner der Beteiligten erscheint.

(3) Über die Eröffnung ist eine Niederschrift aufzunehmen. War das Testament verschlossen, so ist in der Niederschrift festzustellen, ob der Verschluß unversehrt war.

§ 41
Eröffnung durch ein anderes Gericht

Hat ein anderes Gericht als das Nachlaßgericht das Testament in amtlicher Verwahrung, so liegt dem anderen Gericht die Eröffnung des Testaments ob. Das Testament ist nebst einer beglaubigten Abschrift der über die Eröffnung aufgenommenen Niederschrift dem Nachlaßgericht zu übersenden; eine beglaubigte Abschrift des Testaments ist zurückzubehalten.

§ 42
Benachrichtigung der Beteiligten

Das Nachlaßgericht hat die Beteiligten, welche bei der Eröffnung des Testaments nicht zugegen gewesen sind, von dem sie betreffenden Inhalt des Testaments in Kenntnis zu setzen.

§ 43
Nichtigkeit eines Eröffnungsverbots

Eine Anordnung des Erblassers, durch die er verbietet, das Testament alsbald nach seinem Tode zu eröffnen, ist nichtig.

§ 44
Eröffnung des gemeinschaftlichen Testaments

(1) Bei der Eröffnung eines gemeinschaftlichen Testaments sind die Verfügungen des überlebenden Ehegatten, soweit sie sich sondern lassen, weder zu verkünden noch sonst zur Kenntnis der Beteiligten zu bringen.

(2) Von den Verfügungen des verstorbenen Ehegatten ist eine beglaubigte Abschrift anzufertigen. Das Testament ist wieder zu verschließen und in die besondere amtliche Verwahrung zurückzubringen.

(3) Die Vorschriften des Abs. 2 gelten nicht, wenn das Testament nur Anordnungen enthält, die sich auf den ersten, mit dem Tode des Erstversterbenden eintretenden Erbfall beziehen, zum Beispiel dann, wenn das Testament sich auf die Erklärung beschränkt, daß die Ehegatten sich gegenseitig zu Erben einsetzen.

§ 45
Eröffnung des Erbvertrags

Die für die Eröffnung eines Testaments geltenden Vorschriften der §§ 39 bis 44 sind auf den Erbvertrag entsprechend anzuwenden, die Vorschriften des § 44 Abs. 2, 3 jedoch nur dann, wenn sich der Erbvertrag in besonderer amtlicher Verwahrung befindet.

§ 46
Eröffnungsfrist für Testamente und Erbverträge

Befindet sich ein Testament seit mehr als dreißig Jahren, ein Erbvertrag seit mehr als fünfzig Jahen in amtlicher Verwahrung, so hat die verwahrende Stelle von Amts wegen, soweit tunlich, Ermittlungen darüber anzustellen, ob der Erblasser noch lebt. Führen die Ermittlungen nicht zu der Feststellung des Fortlebens des Erblassers, so ist das Testament oder der Erbvertrag zu eröffnen. Die Vorschriften der §§ 40 bis 42 sind entsprechend anzuwenden.

§ 47
Einsichtnahme, Abschrifterteilung

Wer ein rechtliches Interesse glaubhaft macht, ist berechtigt, ein eröffnetes Testament einzusehen sowie eine Abschrift des Testaments oder einzelner Teile zu fordern; die Abschrift ist auf Verlangen zu beglaubigen.

Fünfter Abschnitt
Schlußvorschriften

§ 48
Nichtigkeit einer Verfügung von Todes wegen

(1) Eine Verfügung von Todes wegen ist nichtig, soweit sie gegen zwingende gesetzliche Vorschriften verstößt.

(2) Eine Verfügung von Todes wegen ist nichtig, soweit sie in einer gesundem Volksempfinden gröblich widersprechenden

Weise gegen die Rücksichten verstößt, die ein verantwortungsbewußter Erblasser gegen Familie und Volksgemeinschaft zu nehmen hat.

(3) Eine Verfügung von Todes wegen ist nichtig, soweit ein anderer den Erblasser durch Ausnutzung seiner Todesnot zu ihrer Errichtung bestimmt hat.

§ 49

Sondervorschriften für das Land Österreich

(1) Testament im Sinne dieses Gesetzes ist auch das Kodizill (§§ 552, 553 des Allgemeinen Bürgerlichen Gesetzbuchs).

(2) Urkundsbeamter der Geschäftsstelle im Sinne dieses Gesetzes ist ein beeideter Schriftführer oder ein sonstiger Beamter der Geschäftsstelle.

(3) Die Vorschrift des § 1 Abs. 3 gilt auch für eine Person, der gemäß § 8 der österreichischen Entmündigungsordnung vom 28. Juni 1916 (RGBl. Nr. 207) ein vorläufiger Beistand bestellt worden ist.

(4) Für die besondere amtliche Verwahrung der Testamente ist zuständig:

1. im Falle des § 20 Abs. 2 das Bezirksgericht oder der Notar, vor dem das Testament errichtet ist;
2. im Falle des § 22 jedes Bezirksgericht;
3. im Falle des § 23 das Bezirksgericht, in dessen Bezirk der Bürgermeister seinen Amtssitz hat.

(5) Die Vorschrift des § 32 Abs. 2 gilt für alle beschränkt entmündigten Personen.

§ 50

Inkrafttreten

(1) Das Gesetz tritt mit dem auf seine Verkündung folgenden Tage in Kraft.

(2) Die Inkraftsetzung der §§ 29 bis 31, 37 bis 47 für das Land Österreich bleibt vorbehalten; die übrigen Vorschriften des Gesetzes treten im Lande Österreich drei Monate nach seiner Verkündung in Kraft. Bis zur Inkraftsetzung der §§ 37, 38 richtet

sich die Verwahrung von Testamenten und Erbverträgen im Lande Österreich, vorbehaltlich des § 49 Abs. 4, nach den österreichischen Vorschriften.

(3) Mit der Inkraftsetzung treten jeweils die entgegenstehenden Vorschriften außer Kraft. Aufgehoben werden insbesondere:

1. die §§ 2064, 2229 bis 2267, 2272 bis 2277, 2300 des Bürgerlichen Gesetzbuchs und die Artikel 149, 150 des Einführungsgesetzes zum Bürgerlichen Gesetzbuch;
2. die §§ 566 bis 569, 573, 577 bis 601, 713 bis 715, 717 bis 719, 721 bis 723 des Allgemeinen Bürgerlichen Gesetzbuchs und die §§ 70 bis 75 der österreichischen Notariatsordnung; die Errichtung von Testamenten durch Notariatsakt (§§ 52 und folgende der österreichischen Notariatsordnung) findet nicht mehr statt.

(4) Unberührt bleiben die Vorschriften über die Errichtung von Testamenten und Erbverträgen vor den deutschen Konsuln (§§ 16a, 16b des Gesetzes vom 8. November 1867 in der Fassung des Gesetzes vom 14. Mai 1936, Reichsgesetzbl. I S. 447). Der nachstehende Abs. 6 findet Anwendung.

(5) Unberührt bleiben bis auf weiteres die gesetzlichen Vorschriften, wonach für die Errichtung eines ordentlichen öffentlichen Testaments oder eines Erbvertrags nur die Notare zuständig sind.

(6) Soweit in anderen Gesetzen auf die durch dieses Gesetz aufgehobenen Vorschriften verwiesen ist, treten die entsprechenden Vorschriften dieses Gesetzes an ihre Stelle.

§ 51

Übergangsvorschriften

(1) Das Gesetz gilt nicht für Erbfälle, die sich vor seinem Inkrafttreten ereignet haben.

(2) Die vor dem Inkrafttreten des Gesetzes erfolgte Errichtung oder Aufhebung eines Testaments oder Erbvertrags wird nach den bisherigen Vorschriften beurteilt, auch wenn der Erblasser nach dem Inkrafttreten des Gesetzes stirbt.

(3) Bei Erbfällen, die sich nach dem Inkrafttreten des Gesetzes ereignen, sind an die Gültigkeit eines Testaments keine

höheren Anforderungen zu stellen, als nach diesem Gesetz für ein Testament der betreffenden Art zulässig ist, auch wenn das Testament vor dem Inkrafttreten dieses Gesetzes errichtet ist. Dies gilt entsprechend für Erbverträge.

§ 52

Durchführungsvorschriften

Der Reichsminister der Justiz wird ermächtigt, Vorschriften zur Durchführung und Ergänzung dieses Gesetzes zu erlassen und die Vorschriften des Bürgerlichen Gesetzbuchs und anderer Gesetze zu ändern und zu ergänzen, um sie mit den Bestimmungen dieses Gesetzes in Einklang zu bringen.

Breslau, den 31. Juli 1938

Der Führer und Reichskanzler
Adolf Hitler

Der Reichsminister der Justiz
In Vertretung
Dr. Schlegelberger

Der Reichsminister des Innern
In Vertretung
Pfundtner

Gedruckt bei A. W. Hayn's Erben, Potsdam.